Walter Klier

Rund um
Innsbruck

50 ausgewählte Tal- und Höhenwanderungen im mittleren Inntal
von Telfs bis Jenbach mit Sellraintal

BERGVERLAG ROTHER GMBH · MÜNCHEN

ROTHER WANDERFÜHRER

Abruzzen
Achensee
Algarve
Allgäu 1, 2, 3, 4
Algäuer Alpen - Höhenwege und Klettersteige
Altmühltal
Annapurna Treks

Andalusien Süd
Antholz Gsies
Aostatal
Appenzell
Ardennen
Arlberg
Arnoweg
Außerfern
Auvergne
Azoren
Bayerischer Wald
Berchtesgaden
Bergisches Land
Berlin
Bern
Berner Oberland Ost
Berner Oberland West
Bodensee Nord, Süd
Bodensee-Rätikon
Böhmerwald
Bolivien
Bozen
Brandnertal
Bregenzerwald
Brenta
Bretagne
Cevennen
Chiemgau
Chiemsee
Chur
Cilento
Cinque Terre
Comer See
Cornwall-Devon
Costa Blanca
Costa Brava
Costa Daurada
Costa del Azahar

Côte d'Azur
Dachstein-Tauern
Dauphiné Ost, West
Dänemark-Jütland
Davos
Dolomiten 1, 2, 3, 4, 5, 6
Dolomiten-Höhenwege 1-3
Dolomiten-Höhenwege 4-7
Dolomiten-Höhenwege 8-10
Donausteig
E5 Konstanz - Verona
Ecuador
Eifel
Eifelsteig
Eisenwurzen
Elba
Elbsandstein
Elsass
Ober-, Unterengadin
Erzgebirge
Fichtelgebirge
Fränkische Schweiz
Friaul-Julisch Venetien
Fuerteventura
Gardaseeberge
Garhwal-Zanskar-Ladakh
Gasteinertal

Genfer See
Gesäuse
Glarnerland
Glockner-Region
La Gomera
Gran Canaria
Grazer Hausberge
Gruyère-Diablerets
Hamburg
Harz
Hawaii
El Hierro
Hochkönig
Hochschwab
Hohenlohe

Hunsrück
Ibiza
Innsbruck
Irland
Isarwinkel
Island
Istrien
Italienische Riviera
Jakobsweg - Camino del Norte
Französischer Jakobsweg Le Puy-Pyrenäen, Straßburg-Le Puy
Jakobswege Schweiz
Spanischer Jakobsweg

Südwestdeutsche Jakobswege
Julische Alpen
Jura, Französischer
Jura, Schweizer
Kaiser
Kapverden
Kärnten
Karwendel
Kaunertal
Kitzbüheler Alpen
Klettersteige Bayern - Vorarlberg- Tirol - Salzburg
Klettersteige Dolomiten - Brenta - Gardasee
Klettersteige Julische Alpen
Klettersteige Schweiz
Klettersteige Westalpen
Korfu
Korsika
Korsika - GR 20
Kraichgau
Kreta Ost, West
Kurhessen
Lago Maggiore
Languedoc-Roussillon
Lanzarote

Lappland
Lungau
Luxemburg-Saarland

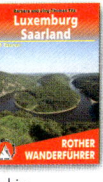

Madeira
Mallorca
Marken-Adriaküste
Mecklenburgische Seenplatte
Meran
Montafon
Mont Blanc
Montenegro
Mühlviertel
München
München - Venedig
Münsterland
Golf von Neapel
Neuseeland
Neusiedler See
Niederlande
Nockberge
Norische Region
Normandie
Norwegen Süd
Oberlausitz
Oberpfälzer Wald
Odenwald
Ossola-Täler
Ostfriesland
Ost-Steiermark
Osttirol Nord, Süd
Ötscher
Ötztal
La Palma

Patagonien
Pfälzerwald
Picos de Europa

Piemont Nord, Süd
Pinzgau
Pitztal
Pongau
Portugal Nord
Provence
Pyrenäen 1, 2, 3, 4
La Réunion
Rheinhessen
Rheinsteig
Rhodos
Rhön
Riesengebirge
Rom-Latium
Rügen
Ruhrgebiet
Salzburg
Salzkammergut Ost
Salzkammergut West
Samos
Sardinien
Sauerland
Savoyen
Schottland

Schwäbische Alb Ost
Schwäbische Alb West
Schwarzwald Fernwanderwege
Schwarzwald Nord
Schwarzwald Süd
Schweden Süd und Mitte
Seealpen
Seefeld
Sierra de Gredos
Sierra de Guadarrama
Sizilien
Spessart
Steigerwald
Steirisches Weinland
Sterzing
Stubai
Stuttgart
Südafrika West
Surselva
Tannheimer Tal
Tasmanien

Hohe Tatra
Niedere Tatra
Tauern-Höhenweg
Hohe Tauern Nord
Tauferer Ahrntal
Taunus
Tegernsee
Teneriffa
Tessin
Teutoburger Wald
Thüringer Wald
Toskana Nord, Süd

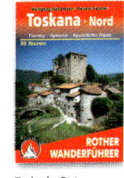

Türkische Riviera
Überetsch
Umbrien
Ungarn West
Vanoise
Veltlin
Via de la Plata
Vierwaldstätter See
Vinschgau
Vogesen
Vorarlberg
Wachau
Ober-, Unterwallis
Weinviertel
Weserbergland
Westerwald
Westerwald-Steig
Wien
Wiener Hausberge
Zillertal

Zirbitzkogel-Grebenzen
Zugspitze
Zürichsee
Zypern

Vorwort

Die Besonderheit der Tiroler Landeshauptstadt Innsbruck liegt im dichten Nebeneinander von Kultur und Natur: Wer von Süden durch die Herzog-Friedrich-Straße auf ihr Wahrzeichen, das Goldene Dachl, zugeht, sieht hinter der Altstadt die majestätische Nordkette (wie die Südseite des Karwendels in Innsbruck heißt) aufragen. Dieser Blick ist Innsbruck, die Stadt im Gebirge. Innsbruck ermöglicht es seinen Bewohnern, städtische Kultur mit Sport in der freien Natur zu verbinden. In diesem Miteinander besteht die Attraktivität der Tiroler Landeshauptstadt. Die untrennbare Verbundenheit soll auch der Gesichtspunkt sein, unter dem der Wanderführer steht.

Die in diesem Führer behandelte Region ist noch mehr als das restliche Tirol von den Gegensätzen zwischen älteren und neuen Lebensformen geprägt, die auf engstem Raum nebeneinander liegen: Autobahnen, Hochhäuser, Seilbahnen aus dem 20. Jahrhundert, Eisenbahnlinien und Ausflugsgasthöfe aus dem 19., Schlösser aus dem 17. und Kirchen aus dem 14. Jahrhundert, und meistens hat man alles auf einen Blick oder doch im Verlauf eines Tages vor Augen. So wird uns in jedem Augenblick die Begrenztheit und Verletzlichkeit unserer Kultur- und Naturlandschaft klar – und auch, dass die Rolle des radikalen Erschließers, die dem Menschen vor wenigen Jahrzehnten auch hier noch durchaus angemessen schien, ausgedient hat.

Der Führer umfasst den Bereich des mittleren Inntals etwa zwischen Stams und Jenbach zusammen mit den Nebentälern (Sellraintal, Voldertal, Wattental, Weertal), schließt also östlich an den Wanderführer Ötztal, westlich an den Wanderführer Zillertal an. Die südliche Umgebung Innsbrucks bleibt ausgespart; hier schließt der Wanderführer Stubai-Wipptal unmittelbar an.

Autor und Verlag wünschen viel Freude beim Erwandern der Tiroler Landeshauptstadt und ihrer Umgebung!

Innsbruck, im Sommer 2010   Walter Klier

Inhaltsverzeichnis

Symbole

🚌	mit Bus/Bahn erreichbar
✗	Einkehrmöglichkeit unterwegs
🕴	für Kinder geeignet
🚡	Seilbahn / Sessellift
▲	Ort mit Einkehrmöglichkeit
▲	bewirtschaftete Hütte, Gasthaus
🚍	Bushaltestelle
†	Gipfel
)(	Pass, Sattel
⛱	Picknickplatz / Aussichtsplatz
⌐ ⌐	Abzweig
≋	Wasserfall

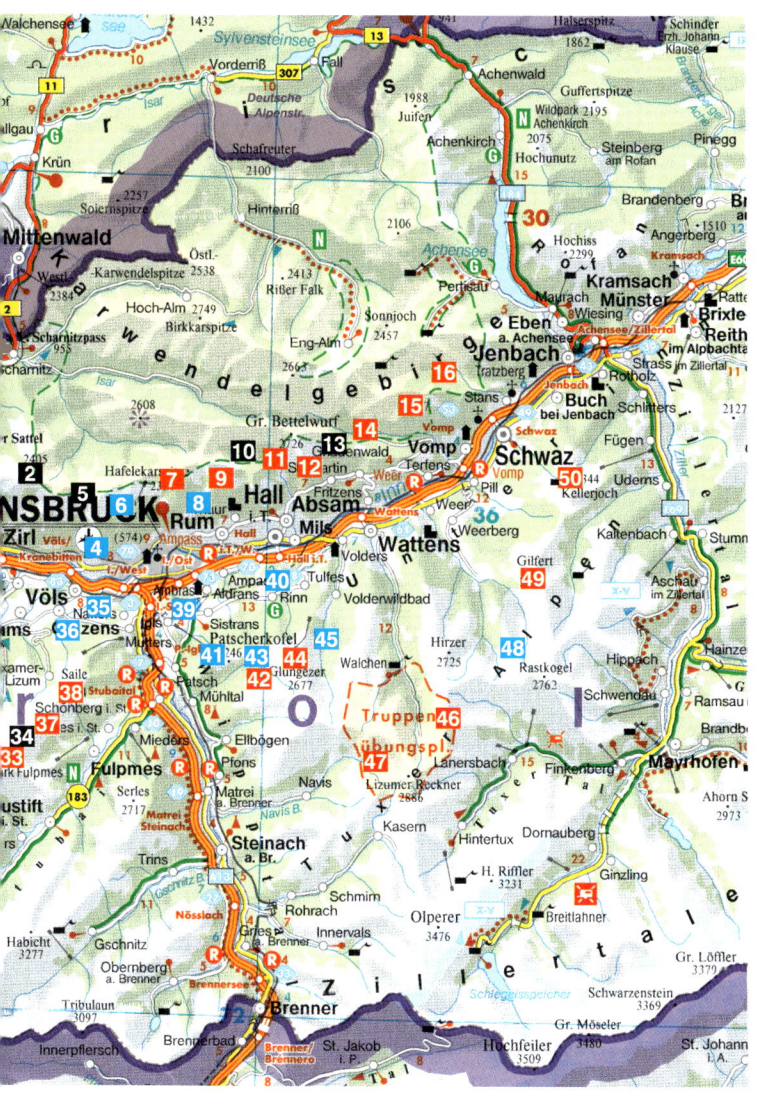

Zum Gebrauch des Führers

Zu jedem im Inhaltsverzeichnis aufgeführten Tourenvorschlag erhält der Leser alle zur Durchführung der Tour wichtigen Informationen: Talort und Ausgangspunkt, Teilabschnitte der Wanderungen mit Gehzeiten, Angaben zu Anforderungen und Einkehrmöglichkeiten sowie zu Besonderheiten und Sehenswertem. Eine genaue Charakteristik und Wegbeschreibung, ergänzt durch eine Karte mit eingezeichnetem Routenverlauf, machen weiteres Karten- und Informationsmaterial im Prinzip überflüssig. Um ein Angebot für Schlechtwettertage zu bieten, präsentiert der Führer die Talorte mit ihrer Infrastruktur sowie Ausflugsziele gesondert. Das Stichwortverzeichnis beinhaltet alle wichtigen geografischen Punkte der Touren. Übersichtskarten auf dem Umschlag und den S. 6/7 zeigen die Lage der 50 Wandervorschläge.

Anforderungen

Die meisten Wanderungen verlaufen auf gut instand gehaltenen und markierten Steigen und Wegen. Dies sollte jedoch nicht darüber hinwegtäuschen, dass z. T. Trittsicherheit und Schwindelfreiheit erforderlich sind. Zudem ist zu beachten, dass die Touren im Frühsommer und nach längeren Schlechtwetterperioden erhöhte Schwierigkeiten aufweisen können. Zur besseren Einschätzung der jeweiligen Anforderungen wurden die Nummern der Tourenvorschläge mit verschiedenen Farben markiert. Diese erklären sich wie folgt:

■ **Leicht**   Der Weg ist gut und lückenlos markiert, ausreichend breit und meist nur mäßig steil, daher auch bei Schlechtwetter relativ gefahrlos zu begehen. Diese Wege können auch von Kindern und älteren Leuten unter normalen Bedingungen ohne große Gefahr bewältigt werden.

■ **Mittel**   Diese Steige sind ausreichend markiert, überwiegend schmal und über kurze Abschnitte bereits etwas ausgesetzt. Einzelstellen können mit Drahtseilen gesichert sein; daher sollten nur trittsichere, mit entsprechender Ausrüstung ausgestattete Bergwanderer solche Touren begehen.

■ **Schwierig**   Die Routen sind ausreichend markiert, nutzen aber schmale und steil angelegte Wege. Sie können sich bereits in hochalpinen Lagen über 2500 m bewegen. Z. T. sind sie sehr ausgesetzt, man muss die Hände zu Hilfe nehmen. D. h., die Steige sollten nur von trittsicheren, konditionsstarken, alpin erfahrenen und entsprechend ausgerüsteten Wanderern begangen werden.

Ausrüstung

Festes Schuhwerk (Profilsohle), eine der Witterung angepasste, bequeme Kleidung, Rucksack mit Pullover, Mütze, Anorak, Regen- und Sonnenschutz, Proviant und reichlich Flüssigkeit (kein Alkohol!) sowie Verbandszeug.

Die Top-Touren rund um Innsbruck

Seefelder und Reither Spitze

Höhenwanderung mit lohnenden Gipfeln hoch über Seefeld (Tour 1; 3¾ Std.).

Goetheweg

In jeder Hinsicht spektakulärer Höhenweg auf der Nordkette (Tour 7; 5¼ Std.).

Bettelwurfhütte

Der keckste Hüttenzugang weit und breit (Tour 11; 6 Std.).

Vomper Loch

Die wildeste Schlucht von ganz Tirol (Tour 14; 6 Std.).

Faltegartenköpfl

Sanfte Almböden zwischen Sellrain und Inntal (Tour 24; 3 Std.).

Gaiskogel

Die lohnendste Gipfeltour im Gebiet von Kühtai (Tour 25; 4 Std.).

Kleine und Große Ochsenwand

Im wilden Fels der Kalkkögel – nur für Unerschrockene! (Tour 34; 5¼ Std.)

Geschriebener Stein

Ein Weg aus dem lauten Tal in einen besonders stillen Winkel (Tour 42; 4 Std.).

Der Zirbenweg

Der bequemste Höhenweg weit und breit (Tour 43; 2½ Std.).

Kellerjoch

Der beste Aussichtsberg im Unterinntal (Tour 50; 4½ Std.).

Gefahren

Obwohl die meisten Touren gebahnten und bezeichneten Wegen oder Steigen folgen, ist zu beachten, dass sie z. T. in hochalpines Gelände führen, in dem ein plötzlicher Wetterumsturz fatale Folgen haben kann. Einzelne Wanderungen queren zudem Firnfelder und Moränen: Das setzt Trittsicherheit, richtige Ausrüstung und ein Grundmaß an alpiner Erfahrung voraus. Nur sie hilft, mögliche Gefahrenmomente zu erkennen.

Beim Gehen an abrutschgefährdeten Stellen und Queren steiler Hänge sowie in steinschlaggefährdetem Gelände ist erhöhte Vorsicht am Platz. Höchste Gefahr in hochalpiner Umgebung tritt ein, wenn sich plötzlich das Wetter verschlechtert. Man sollte sich deshalb vor jeder Tour in größere Höhen über die Wetterlage informieren.

Gehzeiten

Die angegebenen Gehzeiten (pro Etappe) sind für den durchschnittlichen Wanderer berechnet, beinhalten aber nicht die erforderlichen Pausen.

Karten

Neben den integrierten Wanderkärtchen wird der Bergwanderer Gewinn daraus ziehen, zusätzlich die Wanderkarte WK 241 »Innsbruck–Stubai –Sellrain–Brenner« von Freytag & Berndt im Maßstab 1:50.000 zur weitreichenderen Orientierung mitzuführen.

Wanderer auf dem Goetheweg.

Einkehrmöglichkeiten

Hütten, Almwirtschaften und Berggasthöfe sind in der Regel in der touristischen Sommersaison (Anfang Juni bis Ende Sept.) bewirtschaftet, manche auch im Frühjahr und Herbst an Wochenenden. Ist man früher oder später im Jahr unterwegs, sollte man sich im Tal über die Bewirtungszeiten erkundigen.

Verkehrsmöglichkeiten

Die Maut für Straßen (Halltal) und Parkplatzgebühren (Sellraintal: Praxmar, Lisens, St. Sigmund) wird meist mittels Automaten eingehoben (Münzen mitführen!). Bei Wanderungen mit Ausgangspunkt im Stadtbereich von Innsbruck wird man sinnvollerweise auf das Auto verzichten und Straßenbahn oder Bus zur Anreise benützen, nicht nur weil Parkmöglichkeiten etwa an der Hungerburg-Talstation kaum vorhanden sind. Es gehört auch zum speziellen Flair Innsbrucks (bei vielen Städten dieser Größe undenkbar), zu Fuß aus der Stadtmitte in ½ Std. in Wiesen und Wald, in einer Stunde im Gebirge zu sein, nicht zu reden von der Nordkettenbahn, mit der man ebenfalls mitten aus der Stadt in kürzester Zeit auf 2500 m Seehöhe gelangt. Gerade in der Umgebung von Innsbruck mit dem dichten Netz an öffentlichen Verkehrsmitteln bieten sich Variationen zu den angegebenen Touren an, wo man nicht zum Ausgangspunkt zurückgeht, sondern diese für Hin- oder Rückweg einplant.

Wetterinformationen, Notruf

Bandansagen Deutschland:
0 89/29 50 70 (Gesamtalpen), 01 90/ 11 60-11 (Gesamtalpen), -18 (Ostalpen), -19 (Tirol und Vorarlberg).
Persönliche Beratung Deutschland:
0 89/29 49 40 (Alpine Auskunft DAV, Mo–Mi 9–12 und 13–16 Uhr, Do 9–12 und 13–18 Uhr, Fr 9–12 Uhr).
Bandansagen Österreich:
04 50/1 99 00 00-11 (Gesamtalpen), -18 (Ostalpen), -19 (Tirol, Vorarlberg).
Persönliche Beratung Österreich:
05 12/29 16 00 (Mo–Fr 13 – 18 Uhr).

Täler – Orte – Ausflugsziele

Um die Geschichte und den kunsthistorischen Reichtum der Tiroler Landeshauptstadt und ihrer Umgebung auch nur annähernd adäquat zu beschreiben, fehlt hier leider der Raum. Deshalb sei der Interessierte auf zwei weiterführende Bücher verwiesen: Franco Coccagna und Walter Klier: Innsbruck, Edition Löwenzahn 1999. Stefanie Holzer: Kultur.Geschichten Tirol. Ein Reiseführer, Folio Verlag 2000. Dort finden sich Hinweise auf weitere Literatur.

Innsbruck und die nähere Umgebung

Landeshauptstadt von Tirol, 574 m, Verkehrsknotenpunkt am Zusammenfluss von Inn und Sill. Besiedlung seit vorgeschichtlicher Zeit, römisches Fort Veldidena (das heutige Wilten). Marktsiedlung am linken Innufer, Burg und Kirche am rechten. Stadterhebung um 1200. Der Habsburger Friedrich IV. (»Friedl mit der leeren Tasche«) verlegte die fürstliche Residenz 1420 von Meran hierher, die dann zur kaiserlichen Residenz unter Maximilian I. (1459–1519) aufstieg. Er sah Innsbruck als Mittelpunkt seines künftigen Weltreichs. Dementsprechend setzte er alles daran, die Residenzstadt prächtig zu gestalten. Bis 1665 residierten Habsburger als Landesfürsten in Innsbruck, und so stammt ein großer Teil der sehenswerten Baudenkmäler aus der Zeit des Übergangs von der Gotik zum Barock. Im Zentrum der schönen spätmittelalterlichen Altstadt steht das Wahrzeichen Innsbrucks, das Goldene Dachl (fertig gestellt 1500). Es ist als Ganzes

Das Goldene Dachl.

ein Symbol für Maximilians Vision vom »goldenen Zeitalter«, in das er an der Zeitenwende des Jahres 1500 sein Reich und die Habsburger führen wollte. Die **Häuser in der Altstadt** sind weitgehend in dem um 1550 erreichten Bauzustand erhalten. Sehenswert besonders das spätgotische, 1730 mit üppigem Rokoko-Stuckdekor verzierte Helblinghaus, der mit Fresken aus dem 16. Jh. geschmückte Gasthof Goldener Adler, in dem im Lauf der Jahrhunderte viele Prominente – u. a. Heinrich Heine – abgestiegen sind, die Ottoburg und das gotische Rathaus mit dem 51 m hohen Stadtturm (1450). Die hochmittelalterliche Stadt war auf der Linie Marktgraben – Burggraben – Rennweg – Herrengasse – Herzog-Otto-Straße – Innrain von einer Mauer umgeben. Den Querschnitt durch die nach oben sehr spitz zulaufende Stadtmauer kann man an der Ottoburg noch sehen.

Dom (seit 1964) und **Propsteipfarrkirche St. Jakob**. Der gotische Bau musste 1717/24 einem Neubau weichen, dem ersten hochbarocken Kirchenbau Tirols. Die Pläne von Johann Jakob Herkomer wurden nach dessen Tod von seinem Schwiegersohn Johann Georg Fischer ausgeführt. Neben Fresken und Stukkaturen der Brüder Cosmas Damian und Egyd Quirin Asam im Inneren des Doms das kunstvolle Grabmal Erzherzog Maximilian des Deutschmeisters (Hubert Gerhard und Caspar Gras, 1629 aufgestellt) und das Gnadenbild im Hochaltar von Lucas Cranach (um 1514).

Die kaiserliche **Hofburg** wurde in der jetzigen Gestalt auf Anordnung Maria Theresias ab 1754 bis 1770 an der Stelle der spätmittelalterlichen Burg als spätbarocke Residenz durch Johann Martin Gumpp d. J., Konstantin Johann Walter und den Hofarchitekten Nikolaus Pacassi ausgebaut. Die Rennwegfassade ist im Stil des höfischen Rokoko gehalten. Riesensaal mit Deckenfresken von Franz Anton Maulbertsch (1775/76). Die Prunkräume stehen für Besichtigungen offen.

Gegenüber der Hofburg steht vor dem klassizistischen Landestheater der **Leopoldsbrunnen**, seit Erzherzog Leopold V. (um 1625) geplant, erst 1894 in der heutigen Form errichtet. Über den Brunnenfiguren das in der Geschichte der Großplastik erste Pferd mit Reiter, das in der »Levade«, also frei auf den Hinterbeinen steht (Hubert Gerhard und Caspar Gras).

Neben dem **Volkskunstmuseum** (mit interessanten Sammlungen zur Landeskunde; Krippenschau) die an die Hofburg angebaute **Hofkirche** mit der Silbernen Kapelle (Begräbnisstätte von Ferdinand II. und Philippine Welser). Die Hofkirche (1553/63, Hauptgewölbe 1691/92 barockisiert) birgt die neben dem Goldenen Dachl bekannteste Innsbrucker Sehenswürdigkeit, die »Schwarzen Mander«: 28 überlebensgroße Bronzefiguren, die um das Grabmal des Kaisers Maximilian (1584 fertig gestellt) gruppiert sind. Der Held der Freiheitskämpfe von 1809, Andreas Hofer, ist hier begraben. Renaissanceorgel von Jörg Ebert (1555/61). Weiter östlich die **Jesuitenkirche**, 1627/40 erbaut (Pläne von Hans Schor und Christoph Gumpp, Fassadentürme erst 1901 fertig gestellt), sie bildet den Auftakt der Barockarchitektur in Innsbruck. In der Krypta Begräbnisstätte der Tiroler Habsburger.

Der **Hofgarten** erstreckte sich ursprünglich bis zum jetzigen Krankenhaus der Barmherzigen Schwestern am Inn. Er entstand aus dem Nutzgarten der Herzöge Leopold IV. und Friedrich IV. Die **Ruhelust**, wie die gesamte, im Wesentlichen unter Ferdinand II. gestaltete Anlage hieß, war eine Schloss- und Gartenanlage von europäischem Rang. 1858 erfolgte die Neuanlage im englischen Stil, in dem der Park sich bis heute präsentiert.

Innsbrucker Altstadt vom Innufer.

Südlich an die Altstadt schließt Innsbrucks Prachtstraße, die **Maria-Theresien-Straße**, mit der **Annasäule** (1703), der **Triumphpforte** (1765) und einer Reihe prächtiger Palais aus dem 17. und 18. Jh. an. **Spitalskirche**, in der heutigen barocken Gestalt 1700/05 von Johann Martin Gumpp erbaut. Die **Servitenkirche** zum Hl. Josef und das **Servitenkloster** dominieren den südlichen Teil der Maria-Theresien-Straße; gestiftet 1614 von Anna Katharina Gonzaga, der zweiten Gattin Erzherzogs Ferdinand II. Das **Alte Landhaus** (1725) auf halber Höhe der Maria-Theresien-Straße ist der bedeutendste weltliche Barockbau Tirols. Neben der Triumphpforte das farbenfroh mit Ornamenten geschmückte **Winklerhaus**, das schönste Jugendstilhaus Innsbrucks (1902).

In der Museumstraße östlich der Altstadt wurde im 19. Jh. mit dem **Tiroler Landesmuseum Ferdinandeum** ein Museum für Kunst- und Landesgeschichte geschaffen. Bronzezeitliche Funde, eine sehr sehenswerte Sammlung gotischer und barocker Kunst und Werke von Tiroler Künstlern des 20. Jh. zwischen Albin Egger-Lienz und Max Weiler.

Das **Riesenrundgemälde** an der Mühlauer Brücke von Michael Zeno Diemer (1895/96) erinnert an den Kampf der Tiroler unter Andreas Hofer gegen die bayerisch-französische Besatzung im Jahre 1809. Dieses 1000 m² große Gemälde ist eines der letzten aus dem 19. Jh. erhalten gebliebenen Panoramen in ganz Europa.

Mit der Anlage der Museumstraße 1839 begann die rasante Ausdehnung der Stadt, zunächst im Winkel zwischen Universitätsstraße und Neustadt (ab 1873 offiziell Maria-Theresien-Straße), dann beiderseits der Neustadt bis gegen Wilten. 1868 begann man mit der Planung, 1886 mit der Anlage des bis heute in eindrucksvoller Geschlossenheit erhaltenen gründerzeitlichen Villenviertels der Stadt in Saggen. Die **Straßenzüge der Gründerzeit** sind in Innsbruck in seltener Vollständigkeit erhalten. Die Eleganz und Vielfalt ihrer Formen wird uns erst heute wieder ganz bewusst, wo die Gründerzeitarchitektur wieder in ihrer Bedeutung erkannt und gewürdigt wird.

Die einzelnen um die Innenstadt gelegenen Stadtteile erschließen sich in Spaziergängen, die man aus der Stadtmitte unternehmen kann.

Eine der stimmungsvollsten Straßenfluchten der Stadt ist die spätgotisch erhaltene Front der innseitigen Häuser von **Mariahilf** und **St. Nikolaus** beiderseits der »Alten« Innbrücke, 1982 an der Stelle des ältesten Flussübergangs neu errichtet; eingerahmt werden sie von der Mariahilfkirche (1647/49), einem barocken Zentralbau mit hoher Kuppel, und der neugotischen Pfarrkirche zum Hl. Nikolaus (1882/84), beides Schmuckstücke ihrer jeweiligen Epochen. Die Verbreiterung der Innstraße in St. Nikolaus zeigt noch heute das Ausmaß des mittelalterlichen Marktplatzes.

Oberhalb von Mariahilf und St. Nikolaus liegt am Hang das malerische **Hötting** – schon in frühester Zeit besiedelt, erst 1938 eingemeindet – mit seinen zwei Kirchen: die neuromanisch/neugotische »neue« am Höttinger Platzl und etwas oberhalb des alten Dorfs die alte (gotisch, barockisiert) mit ihrem charakteristischen runden Turm, beide den Hl. Ingenuin und Albuin geweiht.

Botanischer Garten (Botanisches Institut, Sternwartestr. 15).

Schloss Büchsenhausen, Villa Blanka, Schloss Weiherburg und der sehenswerte **Alpenzoo**, über dem Stadtteil St. Nikolaus; von der Alten Innbrücke zu Fuß in ½ Std. Weiterweg auf dem Schillerweg zur Mühlauer Klamm und nach Mühlau.

Hungerburg, 868 m, Villen und Hotels auf der Terrasse nördlich über Innsbruck, Talstation der Nordkettenbahn. Theresienkirche mit Fresken von Ernst Nepo (1935) und Max Weiler (1946/47). Standseilbahn vom Kongresshaus; Höttinger Höhenstraße von der Alten Innbrücke über das Höttinger Platzl. Zahlreiche schöne Spaziergänge nach Mühlau, St. Nikolaus oder Hötting. Zufahrt zum Gramartboden auf schmaler Asphaltstraße (nur werktags gestattet).

Wilten, an der Stelle des römischen Lagers Veldidena, im Süden der Stadt, 1904 eingemeindet. Die Wiltener Basilika ist eine der schönsten spätbarocken Kirchen Tirols, 1754 fertig gestellt, das Meisterstück des einheimischen Kirchenbaumeisters Franz de Paula Penz, dessen Kirchen das Spätbarock in Tirol prägen (etwa Telfes, Navis, Neustift im Stubaital). Gegenüber das Prämonstratenserstift Wilten (seit 1138, barocker Bau ab 1670) mit der barocken Stiftskirche zu den Hl. Laurentius und Stephanus (1651/65). Führungen durch Stift und Kirche, sehenswerte Sammlungen. Zwischen den beiden das auf den Grundmauern eines römischen Turms erbaute »Leithaus« des Stifts Wilten: der seltene Fall eines Gebäudes, das mit unverändertem Fundament seit der Römerzeit in Gebrauch gewesen sein muss.

Glockengießerei Graßmayr (mit Glockenmuseum, Leopoldstr. 53). Seit 400 Jahren (14 Generationen) betreibt die Familie Graßmayr das Glockengießerhandwerk.

An der Westseite des Wiltener Friedhofs befindet sich der **Stubaitalbahnhof** mit dem **Localbahnmuseum** (Pater-Reinisch-Weg 4).

Bergisel, 746 m, bewaldeter Kopf südlich von Innsbruck, oberhalb von Wilten, Schauplatz der Tiroler Freiheitskämpfe von 1809, Kaiserjäger-Museum, Restaurant, Skisprungschanze, Austragungsort der Olympischen Winterspiele 1964 und 1976; zu Fuß von Wilten in ¼ Std. auf hübschem Spazierweg.

Sillschlucht, im Süden Innsbrucks, hier hat sich die Sill bei ihrem Austritt ins Inntal tief eingegraben. Von der Endstation der Straßenbahnlinie 1 beim Stift Wilten in wenigen Minuten erreichbar. Hinter der Eisenbahnunterführung gleich rechts ab, unter der Autobahn durch und auf gutem Weg in die Schlucht. Oder Rundwanderweg mit Ausgangspunkt am Bergisel-Parkplatz.

Schloss Ambras, 654 m, südöstlich von Innsbruck nahe der Endstation der Straßenbahnlinie 3, mit seinen Sammlungen, seinem Park und dem »Spanischen Saal« einer der Glanzpunkte des historischen Erbes der Stadt. Die hier seit alter Zeit bestehende Burg wurde im 16. Jh. unter Erzherzog Ferdinand II. zum prächtigen Renaissance-Wohnschloss für seine bürgerliche Gattin Philippine Welser umgebaut. Die Rüstkammer zeigt seltene Turnierharnische aus dem Besitz Erzherzog Sigmunds und Kaiser Maximilians I. In der so genannten Kunst- und Wunderkammer sind künstlerische und kuriose Werke wie das Bildnis des Haarmenschen oder das aus Birnbaumholz geschnitzte »Tödtlein« ausgestellt. Das Hochschloss beherbergt eine beeindruckende Porträtgalerie zur österreichischen Geschichte, u. a. aus Beständen des Kunsthistorischen Museums in Wien, das Schloss Ambras verwaltet. Bemerkenswert der Spanische Saal: Der erste frei stehende Saalbau in Mitteleuropa ist einer der bedeutendsten Repräsentationsräume der Renaissance.

Die Dörfer zwischen Innsbruck und Hall

Mühlau, 619 m, am Beginn der Dörferlinie nach Hall (»Martha«-Dörfer: Mühlau, Arzl, Rum, Thaur, Absam). Seit Mitte des 15. Jh. am Wurmbach bedeutende Harnisch- und Plattnerwerkstätten. Hier wurden die meisten Figuren für das Kaisergrabmal in der Hofkirche gegossen. Spazierwege nach Hötting und durch die Mühlauer Klamm zur Hungerburg.

Arzl, 642 m, eingemeindetes Dorf östlich von Mühlau, auf dem auffallenden Moränenhügel südlich über dem Dorf das schmucke Kalvarienkirchlein (1664). Spazierwege zum Rechenhof, zum Canisiusbrünnl (Ghs.). Die Dör-

ferstraße führt weiter über **Rum**, 621 m, Ausgangspunkt für schöne Wanderungen auf dem Mittelgebirge, nach
Thaur, 633 m, seit ältester Zeit besiedelt, romanische St.-Ulrichs-Kapelle mit Afrahof (im 11. Jh. Obrist-Meierhof des Stifts Augsburg), gotische Pfarrkirche (1453), Totenkapelle (1773), Virgilkirche, altes Gerichtsgebäude, Schlossruine Thaur und Romedikirchlein mit Haupt des Hl. Romedius, des Patrons von Thaur, oberhalb des Dorfs.
Absam, 622 m, oberhalb von Hall am Ausgang des Halltals, beliebter Wallfahrtsort. In der spätgotischen Kirche zum Hl. Michael Gewölbemalereien von Joseph Anton Zoller. Gnadenbild von 1797, darüber findet sich ein wunderschönes spätgotisches Fresko der thronenden Madonna (um 1470). Ausdrucksstarke Kreuzwegbilder des Schwazer Malers Johann Georg Höttinger d. J. (1690–1745). Geburtsort des Geigenbaumeisters Jakob Stainer (1617–83).

Süd(öst)liches Mittelgebirge
Zu empfehlen ist eine Erkundung des südlichen Mittelgebirges (Aldrans, Lans und Igls) mit der Straßenbahnlinie 6, der »Igler«.
Vill, 817 m, Pfarrkirche zum Hl. Martin, gotisch, erweitert und umgebaut 1791/92. Wie das benachbarte Igls wurde Vill 1942 eingemeindet. Auf dem Goarmbichl, gleich über Vill in Richtung Igls, wurden die Reste einer vorgeschichtlichen Siedlung ausgegraben.
Igls, 870 m, Kurort, Talstation der Patscherkofelbahn (erbaut 1927/28), Austragungsort der Olympischen Winterspiele 1964 und 1976 (Herren-Abfahrt, Bob- und Rodelbahn). Südl. der Goldbichl, vorgeschichtlicher Kultplatz.
Heiligwasser, 1234 m, Wallfahrtskirchlein, 1662 erbaut, 1665 geweiht, mit der über dem Portal gemalten Ursprungslegende, und Gasthof nahe der Mittelstation der Patscherkofelbahn, von Igls oder Patsch zu Fuß in 1 Std.
Aldrans, 760 m, der Turm der Aldranser Kirche ist über einem riesigen Stein errichtet, was auf eine vorchristliche Kultstätte hindeutet. Schöne Wanderungen am Mittelgebirge.
Lans, 867 m, hübsch gelegenes kleines Dorf auf dem südlichen Mittelgebirge, empfehlenswerte Gastronomie.
Sistrans, 919 m, am Oberrand des Mittelgebirges. Prächtige barockisierte Pfarrkirche mit qualitätvollen Gewölbestukkaturen von Kassian Singer. Wanderungen zur Sistranser und Aldranser Alm, je 2 Std.
Rinn, 918 m, Pfarrkirche zu den Hl. Thomas und Andreas, 1775 von Franz Singer zu einer imposanten Rokoko-Kirche umgebaut.
Judenstein, 907 m, Weiler mit der ehemaligen Wallfahrtskirche zum »seligen Andreas von Rinn und zu den Unschuldigen Kindern«, in heutiger Gestalt von Franz Singer 1775 im Rokokostil erbaut. Der Kult des »Anderl von Rinn«, basierend auf einer antisemitischen Ritualmordlegende, wurde verboten. Die älteren Wurzeln der Wallfahrt sind mit verschüttet worden: Der mächtige Stein im Kircheninneren deutet auf ein vorchristliches Heiligtum hin.

Romanische Kapelle St. Ulrich in Thaur.

Tulfes, 923 m, Talstation der Glungezerbahn, liegt an der so genannten Ell-
bögenerstraße (im Volksmund auch »Römerstraße« genannt, weil es sich um
eine alte Straße handelt), auf der von Hall in Tirol über Tulfes, Rinn und Lans
nach Matrei und weiter auf den Brenner Salz in den Süden transportiert worden ist.

Windegg, 1216 m, Gasthof, schön gelegen am nördlichen Ausläufer des
Glungezer, von Tulfes auf Fahrstraße. Etwas oberhalb die Tulfer Hütte und
eine Jausenstation. Wanderungen am Glungezer.

Ampass, 736 m, Pfarrkirche Hl. Johannes d. T. auf einem kleinen Hügel; sehenswert in dieser beliebten Hochzeitskirche die Fresken des Innsbrucker
Malers Johann Michael Strickner (1744) und die Rokoko-Altäre. Die Kirche
hat zwei Türme: Weil die Glocke mit 2408 kg für den Kirchturm zu schwer
war, errichtete man im Jahr 1739 den eigentlichen Glockenturm separat auf
einem markanten Felskopf unmittelbar über der Kirche. Barockes Widum, ein
ursprünglich wehrhaft auf einem Fels angelegter Bau südlich unterhalb.
Spätgotische Filialkirche St. Veit (1521).

Bevor man von Volders kommend Ampass erreicht, steht an der Straße die
so genannte **Viertlsäule**, ein spätgotischer Bildstock aus rötlichem Marmor,
der als Pestsäule oder Gerichtszeichen gedeutet wird.

Das Unterinntal von Hall bis Jenbach

Hall in Tirol, 574 m, seit dem 13. Jh. Salzbergbau sowie seit ca. 1300 Endpunkt der Innschifffahrt, ab 1477 Münzstätte, wodurch Hall für lange Zeit eine der größten und reichsten Städte des Landes war. Der Bergbau wurde 1967 aufgelassen. Hall, 1303 zur Stadt erhoben, besitzt die größte und vielleicht schönste Altstadt in Nordtirol, in den letzten Jahren hervorragend restauriert. Pfarrkirche St. Nikolaus (13. Jh.), nebenan die Magdalenenkapelle mit dem größten gotischen Fresko Tirols (das 1466 gestiftete Weltgerichtsfresko) und einem spätgotischen Flügelaltar, der die Mutter Gottes zwischen den Hl. Katharina und Margaretha zeigt; oberer Stadtplatz mit dem Rathaus, Stiftsplatz mit der barocken Stiftskirche und ehemaligem Damenstift. Allerheiligen- oder Jesuitenkirche, die erste Barockkirche Tirols, die seit geraumer Zeit als Konzertsaal genutzt wird. Die alte Stadtmauer ist an der Nordostseite noch gut sichtbar.

Sehenswert im weitläufigen Komplex der **Burg Hasegg** mit dem Wahrzeichen der Stadt, dem Münzerturm, ist – abgesehen vom Münzmuseum – die von Niklas und Gregor Türing erbaute Georgskapelle mit netzgratgewölbter Halle.

Nordwestlich von Hall die Ortschaft **Heiligkreuz**, im 12. Jh. unter dem Namen »Gampas« urkundlich erwähnt. Sehenswert im Inneren der spätgotischen Heiligkreuzkirche sind gotische Wandmalereien und Reste von spätgotischen Glasfenstern, die in den 1960er- und 1970er-Jahren durch Arbeiten der zeitgenössischen Künstler Wilfried Kirschl und Peter Prandstetter ergänzt wurden.

Gnadenwald, 890 m, aus schönen Weilern und Einzelhöfen bestehende Streusiedlung auf dem Mittelgebirge über Hall, Kirchen St. Michael (gotisch, später barockisiert, wird gern für Hochzeiten benutzt), und die von Franz de Paula Penz barockisierte Pfarrkirche St. Martin mit dem Widum. Am Südrand des Plateaus über Fritzens liegt die Tierburg, ein Jagdschloss aus maximilianeischer Zeit.

Volders, 558 m, an der Mündung des Voldertals. Südlich über dem Dorf die Streusiedlungen von Klein- und Großvolderberg; an der Innbrücke nahe der Autobahn das Servitenkloster mit der 1654 von Hippolyt Guarinoni erbauten Karlskirche, Fresken von Martin Knoller, 1767.

Wattens, 564 m, am Eingang des Wattentals, dort die Streusiedlungen Vögelsberg und Wattenberg. Bei der Renovierung der Kirche zum Hl. Laurentius im Jahr 1973 wurden eine Vorgängerkirche aus dem 7. Jh. und mittelalterliche Gräber entdeckt. Wattens hat bedeutende Industrie: Der Name Swarovski steht heute für verschiedenste Erzeugnisse von Schmucksteinen über Bestandteile für Luster bis hin zu Reflektoren, die sicheres nächtliches Autofahren gewährleisten. Die Swarovski Kristallwelten, geplant von André Heller, sind nach dem Schloss Schönbrunn in Wien die meistbesuchte Sehenswürdigkeit in Österreich.

Der untere Stadtplatz in Hall.

Auf einem Rundwanderweg, der bis zur Karlskirche nach Volders führt, ist die frei zugängliche Ausgrabung der Rätersiedlung im **Himmelreich** zu besichtigen. Auf der Bundesstraße von Innsbruck nach Wattens kommend, lässt man das Auto am besten auf dem Parkplatz neben einem Autohändler vor der Ortseinfahrt stehen. Von hier steigt man ½ Std. auf einem Steig durch den steilen Wald zur Rätersiedlung auf.

Kolsassberg, 553 m, Streusiedlung am Eingang des Weertals über Kolsass.

Weer, 558 m, barocke Pfarrkirche zum Hl. Gallus, im Inneren außergewöhnlich prächtig und hell, mit Deckenfresken von Franz Anton Zeiller.

Weerberg, 882 m, weit verstreute Ortschaft am Mittelgebirge, Zufahrt von Pill auf guter Straße; unterhalb auf einem Hügel die gotische Kirche St. Peter und Paul, im Inneren barockisiert; im Dorf die stattliche zweitürmige Pfarrkirche »Zur Unbefleckten Empfängnis Mariä«, 1858 nach Plänen von Josef Vonstadl im neuromanischen Stil erbaut. Der gesamte Innenraum wurde von Philipp Schumacher in Zusammenarbeit mit Franz Ertl einheitlich im Nazarenerstil ausgemalt.

Pill, 556 m, Kreuzkirchl, die nach Plänen des Baumeisters und Priesters Franz de Paula Penz erbaute Wallfahrtskirche zum Heiligen Kreuz direkt an der Bundesstraße. Als Gnadenbild wird das 1703 »aus dem Inn gefischte«, wundertätige Kreuz verehrt.

Schwaz, 539 m, hier war im 15. Jh. der größte Silberbergbau Europas. Schwaz war mit 20.000 Einwohnern die weitaus größte Tiroler »Stadt« (die eigentliche Erhebung zur Stadt kam erst 1899). Die sehenswerten Bauten der Altstadt stammen aus dieser Zeit: Pfarrkirche zu »Unserer Lieben Frau Mariä Himmelfahrt«, ursprünglich dreischiffige Kirche aus der Zeit um 1460, um 1500 nach Plänen von Erasmus Grasser zu einer Doppelkirche mit zwei Chören und vier Schiffen erweitert. Franziskanerkloster mit Kirche (1508 gegr.) mit dem um 1520 entstandenen Freskenzyklus, der Szenen aus dem Leben Christi zeigt, gemalt und koloriert vom Franziskanerpater Wilhelm von Schwaben nach Vorlagen von Albrecht Dürer, Hans Schäufelein und Martin Schongauer. In der Altstadt eine Reihe prächtiger Bürgerpaläste: Rathaus (mit der Jörg-von-Freundsberg-Statue von Ludwig Penz), Orglerhaus der Familie Fieger (Ludwig-Penz-Str. 13) mit gotischem Portal, Palais Tannenberg-Enzenberg neben der Pfarrkirche, am jenseitigen Innufer der Ansitz Mitterhart (Gwercherschlössl).

Über der Stadt, weithin sichtbar, der wuchtige Turm des **Schlosses Freundsberg**, heute als Heimatmuseum genutzt. Interessant ist auch der Besuch des Schaubergwerks.

Grafenast, 1330 m, an der Mittelstation der Kellerjochbahn von Schwaz, zu Fuß von Schwaz über Schloss Freundsberg in 2 Std. Fahrstraße von Pill oder Schwaz über Hochpillberg. Zufahrt bis Loassattel möglich, Ghs. Loas und Gamsstein, 1675 m. Schönes Wandergebiet rund ums Kellerjoch.

Gallzein, 800 m, Bauerndorf aus verstreut liegenden Weilern und Höfen, in schöner Lage über dem Inntal. Straße von Schwaz (Abzweigung am östlichen Ortsausgang), lohnende Wanderung von Schwaz über **Kogelmoos** (Ghs., Zufahrt mit Pkw möglich) nach Gallzein.

Die Orte an der Sonnseite

Baumkirchen, 593 m, **Fritzens**, 591 m, **Terfens**, 591 m (in der Pfarrkirche zur Hl. Juliana Fresken um 1470), **Vomperbach**, 564 m, **Vomp**, 556 m. Über dem Dorf der in den Tiroler Freiheitskämpfen 1809 zerstörte und neugotisch wieder errichtete **Ansitz Sigmundsburg**, eines der zahlreichen Jagdschlösser von Herzog Sigmund dem Münzreichen. Am Mittelgebirge die verstreuten Höfe des **Vomperbergs**, 830 m.

Stift Fiecht, 574 m, bei Vomp, auf der Sonnseite über Schwaz. 1741 wurde die große Stiftskirche des Benediktinerklosters von Jakob und Kassian Singer aus Schwaz erbaut. Stiftsmuseum mit Missionsmuseum.

Wolfsklamm, eine wilde Schlucht oberhalb von Stans, mit dem Kloster **St. Georgenberg**, 917 m (Tour 16). Zufahrt über Fiecht nach Weng, von dort ¾ Std. Steiganlage von **Stans**, 563 m, durch die Schlucht.

Schloss Tratzberg, majestätisch am Waldhang über dem Inntal gelegen.

Das 1500–20 von der in den Adelsstand erhobenen Gewerkenfamilie Tänzl neu errichtete, prachtvolle Wohnschloss entstand am Übergang von Spätgotik zur Renaissance. Originale Einrichtung erhalten, Besichtigung lohnend.

Jenbach, 563 m, Marktgemeinde am Kreuzungspunkt vom Inntal mit der Achensee- und Zillertalfurche. Ausgangspunkt der Zillertal- und der Achenseebahn. Aus alten Silber- und Eisenhüttenbetrieben entwickelten sich die Jenbacher Werke, die heute Lokomotiven u. Ä. herstellen.

Das Oberinntal von Zirl bis Silz

Das Inntal in Nordtirol wird in das Ober- und das Unterinntal (Oberland, Unterland) geschieden; die historische Grenze zwischen beiden bildet die **Martinswand**, ein 700 m hoher Felsabbruch, der nördlich gegenüber von Kematen unmittelbar vom Boden des Inntals aufragt. Einst soll sich der Kaiser Maximilian I., der sich gern und häufig in Tirol aufhielt, bei der Gämsenjagd darin verstiegen und drei Tage dort zugebracht haben, ohne sich noch einen Schritt vor oder zurück bewegen zu können, bis ihn ein Engel (nach anderen Berichten ein Zirler Wilderer) aus seiner Bergnot befreite. Martinswandgrotte, künstlich erweiterte Felshöhle an der Martinswand, Schnitzarbeit, Gedenken an den Kaiser Maximilian I. Der Weg zur Grotte ist mit Seilen gesichert. Trittsicherheit erforderlich, 1 Std. von Zirl über den Weinhof am östlichen Ortsende.

Am Fuß der Martinswand das ehemals maximilianeische **Jagdschloss Martinsbühel**. Heutzutage ist die Martinswand ein Tummelplatz der extremen Felskletterer und Klettersteigbegeher (Maximiliansteig, schwer).

Zirl, 622 m, Marktgemeinde an der alten Straßenkreuzung, wo es vom Inntal über die Seefelder Senke nach Bayern geht, das »Teriolis« der Römer. Beim Weinhof einziger Weinbau in Nordtirol.

Ehnbachklamm und **Schlossbachklamm**, zwei wilde Schluchten, die bei Zirl aus dem Massiv des Karwendelgebirges in das Inntal treten. Die Ehnbachklamm ist auf interessanter Steiganlage von Zirl zu begehen, mit Übergang nach Hochzirl oder ins Brunntal.

Ruine Fragenstein, Burgruine nahe der Zirlerbergstraße oberhalb von Zirl, dort Parkplatz, von Zirl ½ Std.

Leithen, 1010 m, **Reith bei Seefeld**, 1130 m, sehr sonnig gelegene Orte an der Straße nach Seefeld.

Seefeld, 1175 m, bekannter Tourismusort, 20 km von Innsbruck; seit den Olympischen Winterspielen 1964 das Mekka des Tiroler Langlaufsports; gotische Pfarrkirche aus dem 15. Jh. Am westlichen Ortsrand das Seekirchlein aus dem Jahr 1620. Lifte und Bahnen am Gschwandtkopf und am Seefelder Joch/Roßkopf. Schöne Wanderungen in der Umgebung.

Pettnau, 610 m, Melaunerhof »Ritteransitz«, schönes altes Ghs. an der Bundesstraße zwischen Zirl und Telfs. Wanderung nach Mösern, 1½ Std.

Telfs, 634 m, Marktgemeinde, bekannt durch die Telfer Volksschauspiele und den berühmten Fastnachtsbrauch, den »Telfer Schleicherlauf«. Ein kurzer Ausflug von Telfs hinauf nach Mösern führt zur so genannten Friedensglocke, der größten Glocke des Alpenraums.

Am südlichen Innufer liegt **Pfaffenhofen**, 642 m.

Völs, 592 m, Marktgemeinde unmittelbar westlich von Innsbruck. Westlich über dem Ort der Blasiusberg, ein Hügel mit dem barocken **Blasiuskirchl**, 1733 über einer gotischen Kirche errichtet.

Kematen in Tirol, 610 m, an der Einmündung des Sellraintals ins Inntal. Barocke Pfarrkirche mit Resten gotischer Fresken, bemerkenswert das alte Schulhaus, vielleicht ein ehemaliger Kornkasten, an der Dorfstraße.

Inzing, 616 m, **Hatting**, 616 m, **Polling**, 615 m, **Flaurling**, 675 m (sehenswert das so genannte Ris-Schlösschen des Hofkaplans Sigmund Ris, 1431–1532, und der dazu gehörige, südseitige Barockgarten), **Oberhofen im Inntal**, 622 m, hübsch gelegene kleine Bauerndörfer südlich des Inn, begleitet vom Mittelgebirge mit den Streusiedlungen am Inzinger Berg, Hattinger Berg, Pollingberg und Flaurlinger Berg (vgl. Tour 19).

Inzinger Alm, 1641 m, Almwirtschaft, idyllisch im hintersten Talkessel des Hundstals gelegen. Von Inzing Zufahrt von der Ortsmitte (kein Ww.) auf schmaler Asphaltstraße zum Inzinger Berg, wo man den Peter-Anich-Weg (Tour 19) kreuzt, und bis zum Fahrverbot beim Tenglhof. Hier beschränkte Parkmöglichkeit. Zu Fuß von Inzing ¾ Std. über den Gigglberg. Der Weg zur Alm folgt stets dem breiten Fahrweg durch das wilde, bewaldete Hundstal, 2¼ Std.

Rietz, 667 m, weithin sichtbar auf einem Hügel am südlichen Ortsrand die barocke Wallfahrtskirche zum Hl. Antonius von Padua. Fresken von Johann Michael Strickner (1720–59). Auf dem Kalvarienberg, wenige Gehminuten oberhalb, eine höchst expressive barocke Kreuzigungsgruppe in Lebensgröße von Andreas Thamasch.

Stams, 671 m, im Oberinntal 35 km westlich von Innsbruck, altes Zisterzienserstift, herrliche barocke Stiftskirche mit der Tiroler Fürstengruft (seit 1273), reiche Kunstschätze (Hochaltar in der Stiftskirche von Bartlmä Steinle, Werke von Andreas Thamasch), Bibliothek. Die gepflegten Klosteranlagen, Alleen und Hecken zeugen von alter Kulturarbeit. Skigymnasium Stams, moderner Schulbau (1977/82) in anregendem Kontrast zur alten Klosterfassade.

Südwestliches Mittelgebirge

Natters, 783 m, **Mutters**, 830 m. Mit der Stubaitalbahn geht es vom Innsbrucker Hauptbahnhof über Natters und Mutters, Raitis und Kreith und sodann durch die idyllischen, mit Lärchen bewachsenen Telfer Wiesen bis nach Fulpmes im Stubaital.

Scheipenhof, 1139 m, Gasthof auf den sonnigen Lärchenwiesen über Raitis (bei Mutters), auf dem Weg zur Raitiser Alm; auf Fahrweg erreichbar.

Götzens, 868 m, eine der schönsten Rokokokirchen im Land ist die vom Götzener Baumeister Franz Singer (1772/75) erbaute Pfarrkirche zu den Hl. Petrus und Paulus; Deckenfresken von Matthäus Günther. Gleich westlich anschließend das kleine Dorf **Birgitz**, 859 m.

Axams, 874 m, durch die Olympischen Winterspiele 1964 bekannt geworden; Skigebiet Axamer Lizum. Geburtsort des bedeutenden Dramatikers Karl Schönherr (1867–1943, Gedenktafel am Geburtshaus).

Grinzens, 928 m, das westlichste der Dörfer auf diesem Teil des Mittelgobirges. Schmale Fahrstraße über Rotenbrunn ins Sellraintal. Von Grinzens durchs Senderstal zur Kemater Alm und zu den Kalkkögeln.

Oberperfuß, 812 m, großes Dorf mit vielen Weilern auf sonniger Terrasse, Roßkogellifte. Geburtsort der beiden Kartografen Peter Anich und Blasius Hueber, die im 18. Jh. die erste vollständige Karte Tirols erstellten.

Stieglreith, 1363 m, in aussichtsreicher Höhe über Oberperfuß, von dort auf schmaler, gut asphaltierter Bergstraße. Restaurant und Jausenstation. Kurze Wanderung zu den einsamen Bergbauernhöfen von **Gfass**, 1517 m, 1 Std.

Ranggen, 826 m, ruhiges, schön gelegenes Dorf, von Kematen auf guter Straße in wenigen Minuten. Wanderung über die Rangger Alm zur Roßkogelhütte und nach Stieglreith.

Das Sellraintal

Sellrain, 938 m. Hier weitet sich das zunächst schluchtartige Sellraintal erstmals; nach Süden zweigt das Fotscher Tal ab. Hoch oben über dem Tal auf 1243 m Höhe steht weithin sichtbar die viel besuchte gotische Wallfahrtskirche **St. Quirin** im gleichnamigen Weiler.

Gries im Sellrain, 1187 m, Hauptort des inneren Sellraintals mit schmuckem Kirchlein, Bauerndorf und Fremdenverkehrsort.

Lisens (auch: Lüsens), 1634 m, am Ende der Fahrstraße ins Lisenstal, alter Gasthof mit Magdalenen-Kapelle und Almwirtschaft, seit dem 12. Jh. im Besitz des Stifts Wilten, ehemaliges Landhaus der Wiltener Stiftsherren, heutiger Bau von 1780 und 1930.

St. Sigmund, 1513 m, der letzte größere Ort im Sellraintal, an der Mündung des Gleirschtals; schmucke Kirche (spätgotischer Bau von 1490) mit Widum; der Ort wurde nach der Lawinenkatastrophe 1951 zum Großteil neu erbaut. Alte Bauernhäuser noch im Ortsteil Peida, weiter östlich.

Kühtai, 2017 m, und **Dortmunder Hütte**, 1949 m, Wintersportplatz auf der Wasserscheide zwischen Sellrain und Ochsengarten, Hotels, mehrere Lifte, südlich über dem Ort der gewaltige Staudamm des Speichers Finstertal, westlich unterhalb am Ausgang des Längentals ein weiteres, kleineres Staubecken.

Ochsengarten, 1538 m, aus verstreuten Weilern und Einzelhöfen bestehende Ortschaft im oberen Nedertal, das von Oetz ostwärts zieht. Zufahrt auf Autostraße von Oetz, aus dem Sellrain über Kühtai oder von Haiming über den Haimingerberg.

Seefelder Spitze, 2221 m, und Reither Spitze, 2374 m

3.45 Std.

Aussichtspunkte am Südwesteck des Karwendelgebirges

Diese Wanderung gehört zur beliebten Sorte jener Touren, bei denen eine Seilbahn die Hauptarbeit des Aufstiegs übernimmt. Im vorliegenden Fall wird man im ersten Schwung auf 1751 m und im zweiten auf 2060 m befördert. Bis zum Gipfel des Seefelder Jochs sind es dann nur mehr einige Meter.

Talort: Seefeld, 1200 m.
Ausgangspunkt: Standseilbahn zur Roßhütte, 1751 m, Gondelbahn zum Seefelder Joch, 2074 m, parken an der Talstation.
Höhenunterschied: 314 m im Anstieg, 1174 m im Abstieg.
Anforderungen: Gut mark. Steige, an der Reither Spitze Leitern, Drahtseile, nur für Geübte.
Einkehr: Roßhütte (Mittelstation), Nördlinger Hütte, Reither-Joch-Alm.
Sehenswert: Schöne Fernsicht auf Karwendel, Wetterstein und Stubaier Alpen.
Variante: Abstieg nach Reith möglich, 2 Std.

Die Überschreitung von der **Bergstation** über die **Seefelder Spitze** zur Reither Spitze folgt zunächst dem begrünten Kamm, später hält der Steig sich in der felsigen West- und Südflanke (Versicherungen, nur für Geübte). Von der **Reither Spitze** nach Süden in ¼ Std. zur aussichtsreich gelegenen

Blick von der Seefelder Spitze nach Süden.

Nördlinger Hütte hinab und weiter über den freien Rücken nach Süden zur Wegteilung knapp unterhalb der Hütte. Nach rechts über die **Reither-Joch-Alm** zurück nach **Seefeld** und zur **Seilbahn-Talstation**. Als Varianten bieten sich an: der Abstieg nach Südwesten, vorbei am ehemaligen Ghs. Schartlehner, nach Reith bei Seefeld oder über den Kuntnersteig in ½ Std. zurück zur Härmelekopf-Bergstation und per Seilbahn zurück nach Seefeld.

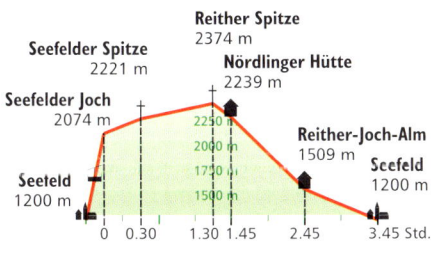

Aussichtsreicher Kalkgipfel über wilden Felstürmen

Fast aus dem Talboden bis beinahe zur höchsten Höhe der Nördlichen Kalkalpen führt diese (nur im letzten Stück anspruchsvolle) Wanderung.

Talort: Zirl, 622 m.
Ausgangspunkt: Hochzirl, 922 m, Bahnstation der Karwendelbahn, auf schmaler, gut ausgebauter Fahrstraße von Zirl erreichbar; Abzweigung von der Umfahrungsstraße am nordwestl. Ortsrand beim Ghf. Fragenstein. Parkmöglichkeit (begrenzt) an der Straße unterhalb des Bahnhofs.
Höhenunterschied: 1483 m.
Anforderungen: Zur Hütte breiter, gut

mark. Almweg. Zur Erlspitze mark. Steig, an einer Stelle Drahtseilsicherung. Trittsicherheit, gutes Schuhwerk, Ausdauer!
Einkehr: Solsteinhaus.
Sehenswert: Die eindrucksvollen Kalkformationen der Türme und Zinnen der Erlspitzgruppe auf dem Zustieg zum Gipfel; von dort schöne Fernsicht auf Karwendel und Zentralalpen.
Varianten: Großer Solstein (leichter, länger; 4½ Std. von Hochzirl, Abstieg 3½ Std.).

Zum Solsteinhaus geht es vom Bahnhof **Hochzirl** an die Bergseite des Bahnkörpers; hier rechts, ostwärts, nach 50 m durch ein Gatter und durch Wald im Auf und Ab bis zum von Zirl kommenden Fahrweg. 50 m gerade aufwärts, dann dem steilen Wegstück rechts ausweichen und durch Wald wieder auf den Fahrweg, der nun steil bergauf zum Brantenbach führt. Über den Graben, dann fast eben einwärts zum **Steinegg** (Talstation der Mate-

Das Solsteinhaus gegen Kuhljoch- und Erlspitze.

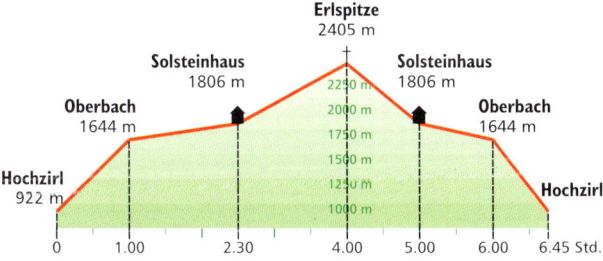

rialseilbahn zum Solsteinhaus). Weiter zum Ende des Fahrwegs im Oberbach (Kreuz, Brunnen) und in Kehren durch den Hochwald empor zur **Solnalm**. Nochmals eben hinein ins Erltal und zuletzt in zwei großen Kehren nach rechts zur schon sichtbaren Hütte, 1805 m, empor. Hinter dem **Solsteinhaus** geht man (Ww.) über den steilen Grashang genau nordwärts hinauf (Markierungen), dann über die flacheren Weideböden bis zu den Latschen. Über den Steig durch ausgeschlagene Gassen auf den deutlicher ausgeprägten Grat und über ihn kehrenreich (Seilsicherungen) empor. Knapp unterhalb der **Erlspitze** ragt rechts in einer Schlucht die auffallend schlanke, hohe Gipfelstürmernadel empor. Über eine Steilstufe nach links zum Gipfel.

Der Abstieg erfolgt auf dem Anstiegsweg.

5.00 Std.

Versteckte Lärchenmähder zwischen Inntal und Nordkette

Als nach dem Ersten Weltkrieg die Magdeburger Hütte hoch über dem Süd-tiroler Pflerschtal enteignet wurde, baute die Sektion 1925 das Jagdhaus »Martinsberg« zur »Neuen Magdeburger Hütte« aus.

Talort/Ausgangspunkt: Vgl. Tour 2.
Höhenunterschied: 1021 m.
Anforderungen: Die gesamte Tour ver-läuft über gut mark. Almwege und Steige.
Einkehr: Neue Magdeburger Hütte;
Jausenstation Brunntal.
Sehenswert: Blick auf Tuxer und Stu-baier Alpen; Almen, Teiche und Lärchen-wiesen um die Hütte, am schönsten im Herbst.

Wie in Tour 2 beschrieben von **Hochzirl** nach Osten durch den Föhrenwald; der Weg trifft absteigend auf den Fahrweg, der bei der dritten Kehre der Hochzirler Straße abzweigt (von dort kürzer als von Hochzirl). Nun in der Nähe der Bahn bis zum westlichen Stollenmund des großen Martinswand-tunnels der Karwendelbahn. Man hält sich links auf schmalem Steig durch Mischwald in Kehren empor zur Fahrstraße, die von Zirl auf die **Zirler Mäh-der** führt, wo sich zahlreiche Wochenendhäuschen der Zirler befinden. Kurz auf dem Fahrweg im **Brunntal** einwärts, knapp vor der Jausenstation beim Ww. rechts ab und zuletzt ziemlich steil auf den Almboden mit der **Magde-burger Hütte**. Der **Hechenberg**, der nach Süden mit eindrucksvoller Steil-wand gegen das Inntal abfällt (östlich und höher über dem Talboden als die Martinswand), ist von Norden ein unscheinbarer bewaldeter Gupf. Von der Hütte erreicht man den höchsten Punkt, »**Latte**« (oder Kirchberger Köpfl) genannt, auf markiertem Steig nach Süden (nicht verwechseln mit dem Ab-stiegsweg in die Kranebitter Klamm, der am Waldrand nach links abgeht).

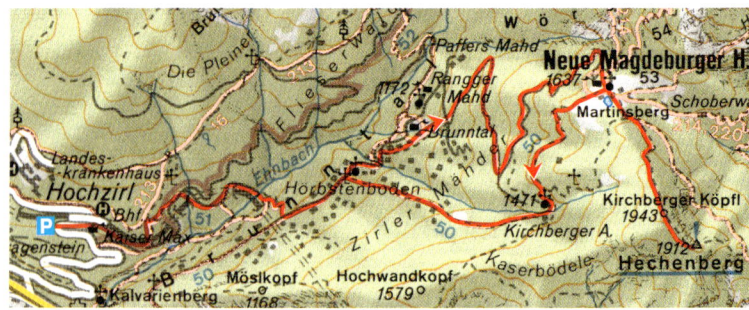

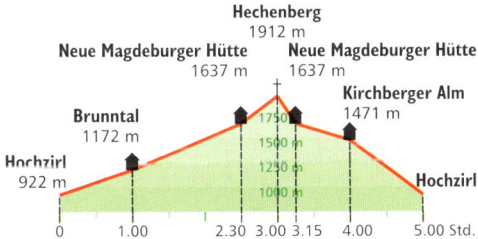

Zurück zur **Magdeburger Hütte** und (schönere Aussicht!) auf dem markierten Steig südlich des Aufstiegs im Bogen zur **Kirchberger Alm** und von dort zurück ins **Brunntal**; hier treffen wir wieder auf den Aufstiegsweg. Dem folge man strikt: Bei der Abzweigung in Richtung **Hochzirl** (bei einer Rastbank) hält man sich vom Fahrweg gerade abwärts; nicht nach rechts einem ausgetretenen ebenen Weg talein folgen!

Neue Magdeburger Hütte gegen Westen.

Uriges Ausflugsgasthaus für Frühjahr oder Herbst

An dem zu den traditionsreichsten Ausflugsgasthäusern rund um Innsbruck gehörenden Rauschbrunnen kreuzen sich zahlreiche Wege, die diesen Teil der Nordkette nordwestlich über Innsbruck erschließen.

Ausgangspunkt: Die Alte Innbrücke in Innsbruck, 574 m; Parkgarage an der Markthalle.
Höhenunterschied: Ca. 500 m.
Anforderungen: Bequeme, gut mark. und beschilderte Waldwege.
Einkehr: Ghf. Schießstand, Planötzenhof, Buzzihütte, Rauschbrunnen, Gramartboden.

Sehenswert: Planötzenhof mit schön restaurierter Glasveranda in hervorragender Lage über der Stadt. Das Wallfahrtskirchlein Höttinger Bild (erb. 1774), wo die Muttergottes einst einem minderbegabten Studenten zu unverhofftem Prüfungserfolg verhalf; seither pilgern Innsbrucker Schüler und Studenten gern dorthin (»Maria, der Studenten Zuflucht«).

Von der **Innbrücke** zum Rauschbrunnen gelangt man durch die steile Höttinger Gasse hinauf zum Höttinger Platzl mit der Neuen Pfarrkirche. Durch die winkeligen Gassen (Schneeburggasse/Bachgasse/Daxgasse) nordwestlich hinauf zur Dorfgasse und beim Ww. nach links durch die Schießstandgasse zum Ghs. Schießstand. Von hier auf dem Rücken nordwärts hinauf zum **Ghs. Planötzenhof** auf weiter Wiese mit seiner vorbildlich restaurierten Veranda.

Den Ww. (Stangensteig, Rauschbrunnen) folgen wir nun durch Wald nach Westen zum **Ghs. Buzzihütte** und hinauf zum Stangensteig, von dem bald

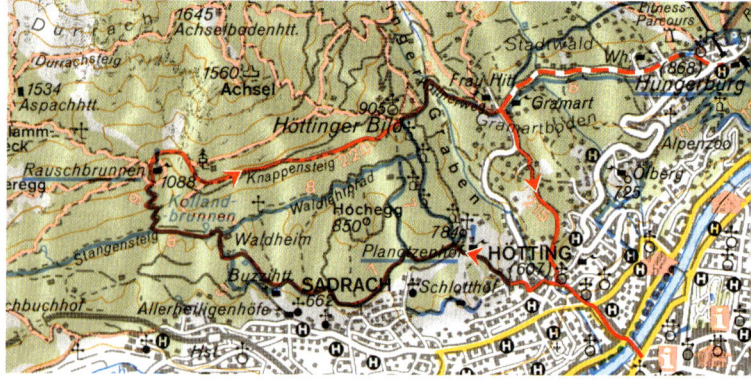

Blick vom Planötzenhof nach Südwesten.

nach rechts in vielen Kehren der Weg zum **Rauschbrunnen** abzweigt. Weiter zum Gramartboden geht man nach Osten zuerst eben, dann absteigend durch Wald zum **Höttinger Bild**, wo sich wieder mehrere Wege verzweigen. Der Beschilderung in Richtung Gramart/Hungerburg folgen wir über den Höttinger Graben und gelangen auf die Wiesenfläche des **Gramartbodens** mit zwei Gasthöfen. Ins Tal führen nach Süden nette Waldwege nach **Hötting** und hinunter zum Inn und zur Stadtmitte.

Als Variante auf dem Fahrweg weiter ostwärts zur Hungerburg (Standseilbahn oder Bus nach Innsbruck) queren.

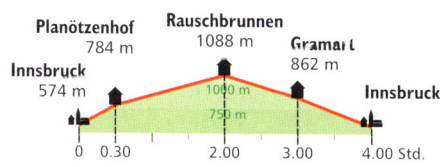

31

5 Vorderes Brandjoch, 2559 m

6.00 Std.

Ein lohnender Felsgipfel hoch über der Landeshauptstadt

Die Nordkettenbahn, mit deren Hilfe man unmittelbar aus der Stadt Innsbruck auf über 2000 m Höhe gelangt, ist einer der besten Ausgangspunkte für Wanderungen in diesem Teil der Nordkette. Das Wegenetz des Gebiets orientiert sich im Wesentlichen an der Seilbahn mit ihren zwei Stationen Seegrube, 1906 m, und Hafelekar, 2256 m. Die Stationsgebäude der in den späten 1920er Jahren von Franz Baumann errichteten Seilbahn gelten als Musterbeispiele einer geglückten alpinen Architektur.

Talort: Innsbruck, 574 m.
Ausgangspunkt: Hungerburg, 868 m, nördl. Stadtteil, Talstation (Parkplatz) der Nordkettenbahn (Bus oder Standseilbahn von der Stadtmitte, mit Pkw über die Höttinger Höhenstraße). Mittelstation Seegrube, 1905 m, der Nordkettenbahn.
Höhenunterschied: 654 m im Aufstieg, 1691 m im Abstieg.
Anforderungen: Bis zum Frau-Hitt-Sattel z. T. schmale, aber gut ausgebaute und mark. Steige, am Gipfelgrat zum Brandjoch teils leichte, mit Drahtseilen versicherte Kletterstellen, nur für Geübte.
Einkehr: Berghotel Seegrube, Höttinger Alm.
Sehenswert: Vom Gipfel Rundsicht auf die Zentralalpen und große Teile des Karwendels, Tiefblick auf Innsbruck und Inntal.

Von der **Seegrube** kurz nach Westen ansteigen, dann folgt man dem Weg, der fast eben über weite steile Hänge hinüberführt bis unter den **Frau-**

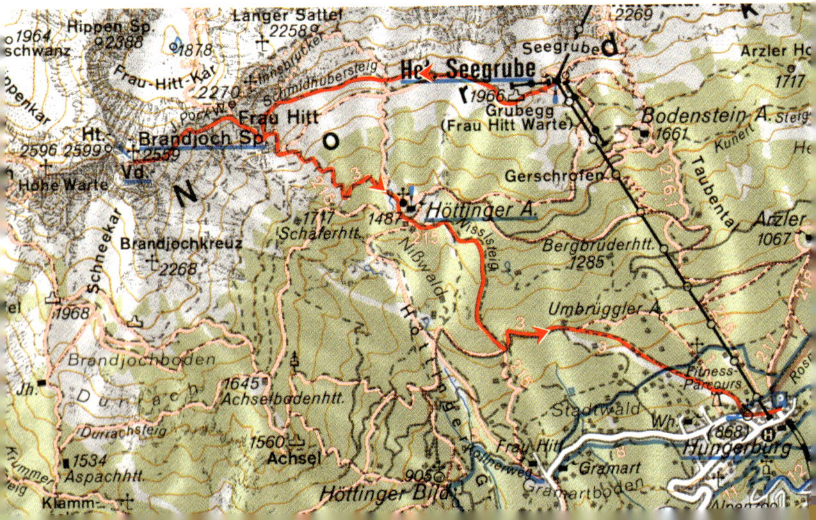

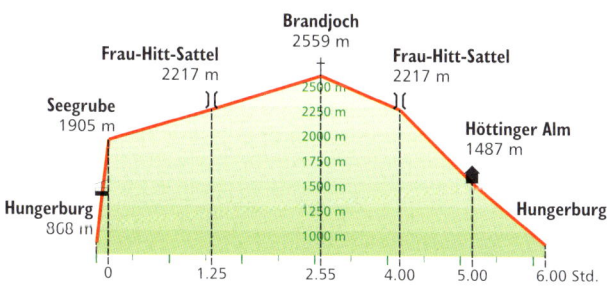

Die Bergstation Hafelekar gegen Westen.

Hitt-Sattel. (Die Frau Hitt, ein auffälliger kleiner Felsturm in diesem Sattel, ist von an allen Seiten gut sichtbar. Der Weg dorthin zweigt unmittelbar unter der Frau Hitt nach rechts ab.) In Kehren steil empor an ihren Westfuß und eben hinüber auf den Sattel. Von hier folgt man dem markierten Steig, der über den Ostgrat, meist auf der Grathöhe, zum **Brandjochgipfel** (mit Kreuz) führt. Einige Stellen erfordern Vorsicht, auch ist auf Steinschlag zu achten, wenn mehrere Partien auf dem Grat unterwegs sind. Auf gleichem Weg geht es zurück zum **Frau-Hitt-Sattel**, auf dem Anstiegsweg hinunter und ein Stück Richtung Seegrube bis zu einer Quelle in dem Graben, der steil zu der gut sichtbaren **Höttinger Alm** hinabführt. An der Quelle nach rechts, über freie Hänge und durch Latschen zur Alm. Von dort auf guten Waldwegen (Ww.) zur zurück **Hungerburg**.

Bodensteinalm, 1661 m, Höttinger Alm, 1487 m, Arzler Alm, 1067 m

Der klassische Herbstausflug der Innsbrucker

Besonders an schönen Herbsttagen ist der Südabhang der Nordkette im Bereich der Seilbahn von Bergwanderern dicht bevölkert. Bei alt und jung ist die Gegend aufgrund der kurzen Etappen zwischen den bewirtschafteten Rastplätzen beliebt; als die Umbrüggler Alm noch stand, wurde sie zusammen mit der Höttinger und der Bodensteinalm liebevoll als »Bermuda-Dreieck« bezeichnet, in dessen Bier- und Weinvorräten so mancher Bergwanderer spurlos untergegangen sein soll. Heute bietet die weiter östlich gelegene Arzler Alm Ersatz.

Höttinger Alm gegen den Südgrat des Brandjochs.

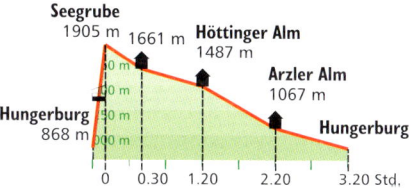

Seegrube
1905 m 1661 m Höttinger Alm
1487 m
Arzler Alm
1067 m
Hungerburg
868 m Hungerburg

0   0.30   1.20   2.20   3.20 Std,

Talort: Innsbruck, 574 m.
Ausgangspunkt: Hungerburg, 868 m (vgl. Tour 5); Seegrube, 1905 m (Nordkettenbahn).
Höhenunterschied: 1037 m im Abstieg.

Anforderungen: Gute, mark. Steige.
Einkehr: Berghotel Seegrube, Höttinger Alm, Bodensteinalm, Arzler Alm.
Sehenswert: Eindrucksvolle Tiefblicke auf Innsbruck und Fernsicht auf Stubaier und Tuxer Alpen.

Vom **Berghotel** kurz eben nach Osten, bis man auf den vom Hafelekar herunterführenden Steig trifft; in vielen Kehren über den Rücken steil hinab zu der keck am Hang klebenden **Bodensteinalm**. Der Weiterweg zur **Höttinger Alm** führt stets etwas fallend nach Westen, unter der Seilbahn durch, und quert mehrere steile Gräben. Für den Abstieg folgt man zunächst dem breiten Fahrweg ostwärts in Richtung Hungerburg. Kurz nach Querung der Seilbahntrasse schneidet man zwei Kehren auf einem Fußweg ab; sodann in leichtem Gefälle am breiten Weg zur **Arzler Alm**.
Von dort gelangt man auf einem bequemen Waldweg direkt zurück zur **Hungerburg**.

Die schönste Höhenwanderung an der mittleren Nordkette

Die auffallend ebene Trasse am Beginn des Goethewegs stammt aus der Zwischenkriegszeit, von dem (nie realisierten) Projekt einer Schmalspureisenbahn vom Hafelekar in die Pfeis.

Talort: Innsbruck, 574 m.
Ausgangspunkt: Hungerburg, 868 m (vgl. Tour 5); Bergstation Hafelekar der Nordkettenbahn, 2269 m.
Höhenunterschied: Ca. 400 m im Aufstieg, ca. 1400 m im Abstieg.
Anforderungen: Gutes Schuhwerk und Trittsicherheit erforderlich; einige ausgesetzte Wegstücke, Seilsicherungen.
Einkehr: Bergrestaurant Hafelekar, Pfeishütte, Rumer Alm, Arzler Alm.
Sehenswert: Der Goetheweg (auch Hermann-Buhl-Weg) ist einer der landschaftlich eindrucksvollsten seiner Art.

Der Weg zweigt 20 m östlich der **Hafelekar-Bergstation** bei einem Mauerdurchbruch (Ww.) nach rechts ab. Er zieht fast eben, gut ausgebaut und markiert ca. ½ Std. an den Südhängen der Hafelekar- und Gleirschspitze nach Osten; hier bieten sich die schönsten Ausblicke nach Süden auf die Zentralalpen. Man überquert die grüne Senke des **Gleirschjöchls** und nach einem kurzen ebenen Stück steigt man in einigen Kehren auf die Grathöhe (Mühlkarscharte). Jenseits auf die Nordseite über felsiges Gelände, später über Schutthalden bis zu den von der **Mandlscharte** herabziehenden Schuttreißen hinab. Nun in Kehren auf die Scharte, 2277 m. Jenseits geht es hinab in den weiten Kessel nördlich der Arzler Scharte. Der Weg senkt sich über sanfte Böden und durch Latschenbestände und allmählich

Auf der Nordkette: Blick von der Gleirschspitze nach Osten.

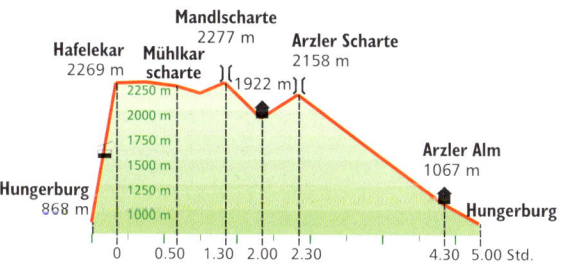

gegen Nordosten zur **Pfeishütte**. Zurück zur Hungerburg entweder auf demselben Weg (Vorsicht, durch Gegenanstieg länger als der Hinweg!)

oder (nur für Geländegängige) von der Arzler Scharte direkt über die Südhänge.

Man läuft von der **Arzler Scharte** über die Schotterreißen bis auf 1400 m; vom Ende der Reiße führt ein Weg eben nach Südwesten hinunter zur **Arzler Alm**.

Von der Alm auf bequemem Weg (Markierungen 217/218) zurück zur **Hungerburg**.

Beschauliche Wanderung am nördlichen Mittelgebirge

Die Hungerburgbahn zu Beginn unseres Wegs, eine Standseilbahn (2006/07 nach Plänen von J. Hadid erbaut), bringt den Wanderer in kürzester Zeit aus der Stadtmitte auf das nördliche Mittelgebirge.

Talort: Innsbruck, 574 m.
Ausgangspunkt: Stadtmitte, Kongresshaus, Talstation der Bahn auf die Hungerburg; oder Bus zur Hungerburg.
Endpunkt: Thaur, 833 m.
Höhenunterschied: 250 m im Abstieg.
Anforderungen: Breite, ebene, gut mark. Waldwege.
Einkehr: Auf der Hungerburg und in Thaur Gaststätten; Ghf. Rechenhof.
Sehenswert: Die Ruinen des Thaurer Schlössls und das Romediuskirchlein mit ehemaliger Einsiedelei; St. Romedius ist der Thaurer Ortsheilige, der im frühen

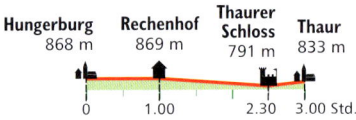

Mittelalter einen der damals noch häufigen Bären durch bloßes Zureden bändigte und danach ein Kloster im Nonstal (Trentino) gründete. Viele Thaurer Männer heißen bis heute Romed. Der Ort ist auch durch seine Krippenschnitzer und Bildhauer bekannt.

Vom Parkplatz an der **Hungerburg-Seilbahnstation** auf asphaltierter Straße kurz ostwärts und beim Ww. zwischen den letzten Häusern links hinauf. Bald im Wald empor zum meist breiten **Rosnerweg**, der stets etwas an- oder absteigend unter dem großen Lawinendamm vorbei in die Mühlauer Klamm leitet (Gedenktafel an die Erbauer des Wegs). Jenseits des Bachs dem linken, schmaleren Weg folgend steil auf die Höhe und fallend durch Wald auf die weite Wiese des **Purenhofs**. Am Hof vorbei und weiter zum

Blick auf Rechenhof und Rumer Spitze.

Ghf. Rechenhof. Der **Adolf-Pichler-Weg** setzt – nun wieder als Fahrweg – den Rosnerweg in gleicher Richtung fort. Man erreicht nach kurzem durch Wald die große Wegkreuzung »**Sieben Wege**«, geht wiederum in gleicher

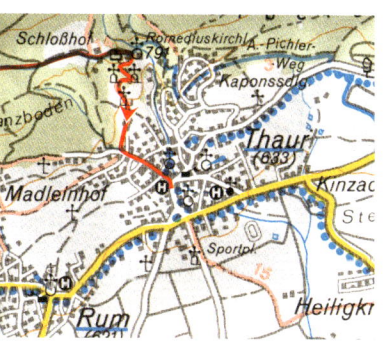

Richtung (ostwärts) weiter, überquert das wilde Bachbett der Rumer Mur und kommt zum **Garzanhof**, einem Einzelgehöft auf großer Wiese. An dieser südlich vorbei und auf dem nun schmaleren Weg durch Wald zum Schlosshof über Thaur mit den Ruinen des **Thaurer Schlosses**; kurz unterhalb das schmucke Romediuskirchlcin.

Von hier direkt nach Süden hinab (Bildstöcke) nach **Thaur**. Ab der Ortsmitte Busverbindung nach Innsbruck.

Rundtour über gastliche Almwirtschaften

Ziel dieser Wanderung ist die Kaisersäule, eine Steinpyramide in hochalpiner Umgebung. Sie wurde zum Andenken an den Besuch des österreichischen Kaisers Franz I. im Jahr 1815 errichtet.

Talort: Rum bei Innsbruck, 621 m.
Ausgangspunkt: Rumer Tennisplatz, oberhalb des Orts im Wald; Abzweigung von der Hauptstraße an der westl. Ortseinfahrt (Kreisverkehr). Von Bushaltestelle »Sanatorium der Kreuzschwestern« zu

Fuß 10 Min., Parkplatz Forstmeile, 750 m.
Höhenunterschied: 950 m.
Anforderungen: Markierte, beschilderte Almsteige und Fahrwege. Ausdauer nötig.
Einkehr: Enzianhütte, Rumer Alm, Thaurer Alm.

Vom **Tennisplatz** in ca. ¼ Std. auf dem asphaltierten Fahrweg zur Kreuzung der »**Sieben Wege**«. Hier wendet man sich nach halb links und folgt den Ww. zur Rumer Alm, entweder auf dem breiten Fahrweg mit seinen weiten Kehren oder auf Waldsteigen, die diesen mehrmals kreuzen. Auf dem letzten flacheren Boden steht unter der Rumer Alm links im Wald die Enzianhütte. Von der **Rumer Alm** folgt man dem markierten Steig nach Osten empor (an einer Jagdhütte vorbei). Zunächst steil durch den Wald zur Höhe über den Felsabbrüchen der Roten Riepe, dann eben hinüber auf die Geländeschulter, wo die kleine Vintlalm steht. Der Weiterweg zur **Thaurer Alm** und Kaisersäule ist von hier zu übersehen. Man quert die weiten Hänge, vorbei an vielen Quellen; zuletzt steil hinauf zur **Kaisersäule**. Auf gleichem Weg zurück zur **Thaurer Alm**. Von hier ein Stück auf dem Almweg nach Thaur absteigen; der Fußweg (Gaspertsteig) zweigt bald nach rechts

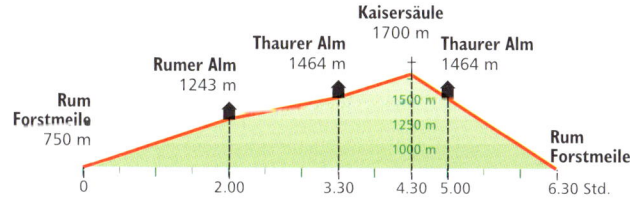

Tiefblick auf die Kaisersäule und die Thaurer Alm.

ab (Markierungen). Auf dem teils sehr steilen Weg (längere, bequemere Variante auf dem Fahrweg) hinunter zur **Garzanhofwiese**; an deren Nordrand vorbei und zum Fahrweg, der nach Westen über die Rumer Mur zurück zur Wegkreuzung »**Sieben Wege**« und nach **Rum** führt.

Kaisersäule
1700 m

Thaurer Alm
1464 m

Thaurer Alm
1464 m

Rumer Alm
1243 m

Rum
Forstmeile
750 m

Rum
Forstmeile

1500 m
1250 m
1000 m

0   2.00   3.30   4.30 5.00   6.30 Std.

Anspruchsvoller Felsgipfel über dem Halltal

Das gesamte Halltal steht im Zeichen des früher hier bedeutenden Salzberg-baus; in den Herrenhäusern hatte man ein kleines Museum eingerichtet, das 1999 eine Lawine schwer beschädigte. Der Wiederaufbau ist fraglich (2010).

Talort: Absam, 632 m.
Ausgangspunkt: Alpengasthof St. Magdalena, 1287 m, mit Kapelle, ehema-liges kleines Kloster im hinteren Halltal; schmale, gut ausgebaute Mautstraße, kleiner Parkplatz talein auf gleicher Höhe mit St. Magdalena.

Höhenunterschied: 1400 m.
Anforderungen: Bis Lafatscher Joch gute Alm- und Fahrwege, Speckkarspitze z. T. abschüssig, leichte, gesicherte Klet-terei (Drahtseil); Trittsicherheit, gutes Schuhwerk.
Einkehr: St. Magdalena.

Vom Parkplatz bei **St. Magdalena** folgt man zunächst der Fahrstraße weiter talein bis zu den **Herrenhäusern**, dem Zentrum des alten Salzbergbaus, mit mehreren Gebäuden, Kapelle und Stolleneingang. Auf dem Schotter-weg hinauf in die kleine Einsattelung des **Issjöchls**; von dort leicht fallend durch Wald einwärts auf den idyllischen Issanger, weite, teils sumpfige Bergmähder inmitten von Lärchen, Latschen und den weißgrauen Karen und Felsgraten der zweiten Karwendelkette. Der gut sichtbare Weg aufs **La-fatscher Joch** führt in zwei riesigen Kehren durch die Latschen empor. Aus der weiten Senke des Jochs steigt man nach Osten kurz auf dem Weg Rich-tung Bettelwurfhütte (Wegweiser) gegen den Südwestgrat der Speckkar-spitze an. Vor dem schottrigen Steilaufschwung nach links auf gutem Steig nordostwärts in das kleine Kar westlich unter der **Speckkarspitze**. Durch

Die Speckkarspitze von Nordwesten.

Die Speckkarspitze von Nordwesten.

die Flanke auf den Westgrat und immer dem markierten Steig folgend zum Gipfel. Über den Aufstiegsweg wieder hinab zum **Lafatscher Joch** und in den Issanger. Um den Gegenanstieg zum Issjöchl zu vermeiden, folgt man bei der Wegkreuzung im Grund des Angers dem linken Weg, der am waldigen Steilhang des Isstals (gut markiert, eine heikle Passage über morsche Balken an brüchiger Wand) zum Parkplatz bei **St. Magdalena** zurückleitet.

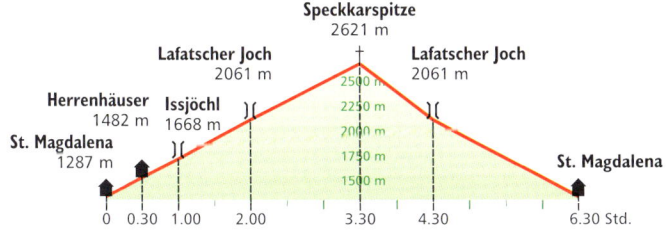

Große Umrahmung des Halltals

Fast aus dem gesamten Tal lässt sich die Bettelwurfhütte sehen. Sie steht keck auf einer Geländeschulter am sehr steilen Südabhang von Kleinem und Großem Bettelwurf.

Talort: Absam, 632 m.
Ausgangspunkt: Bettelwurfeck; an der Halltal-Straße, wo der Weg zur Bettelwurfhütte abzweigt, kurz über der starken Steigung beim Bettelwurfbrünnl (Hinweistafeln); Mautstraße ab Ortsende Absam; Parkplatz an der Straße.
Höhenunterschied: Ca. 1200 m.
Anforderungen: Gut markierte und beschilderte Wege und Steige, am sehr steilen Aufstieg zur Bettelwurfhütte ausgesetzte Stellen (Drahtseile), Trittsicherheit nötig.
Einkehr: Bettelwurfhütte, St. Magdalena etwas abseits der Halltalstraße.
Sehenswert: Ehemalige Bergbau-Einrichtungen (vgl. Tour 10); die wilden Kare und Felsgrate der zweiten Karwendelkette.

Vom **Parkplatz** (Ww.) gehen wir kurz nordwärts über den Bach und durch lichten Wald zum Beginn der Schotterreiße. Nun steigt das Weglein in vielen Kehren zunächst über Schotter, später über Fels (einige gesicherte Passagen) und durch Latschengelände den extrem steilen Südabhang des Bettelwurfs empor. Zuletzt bei der Wegteilung links (rechts geht es zum Gipfel) und in leichter Steigung zur schon länger sichtbaren **Bettelwurfhütte.** Von der Hütte wendet man sich nach Westen und steigt noch etwas durch die Schotter- und Grashänge unter dem Kleinen Bettelwurf an; sodann dem weithin sichtbaren Steig folgend ziemlich eben durch die Südflanke der Speckkarspitze und zuletzt absteigend auf das weite **Lafatscher Joch.** Etwas unterhalb der Jochhöhe weiter eben nach Westen, bis man auf den

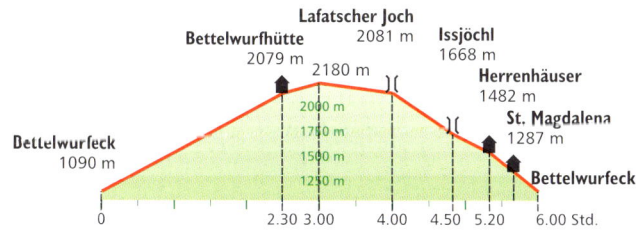

Am Aufstieg zur Bettelwurfhütte.

Weg (vom Joch südwärts zum Issanger) trifft. Hier links und durch die Latschenhänge hinunter auf den lauschigen grünen Boden des Issangers. Man folgt dem breiten Weg leicht steigend auf das **Issjöchl**, 1668 m. Weiter wie bei Tour 10 nach **St. Magdalena** und auf der nun asphaltierten Straße kurz hinaus zum Ausgangspunkt.

3.00 Std.

Am Sonnenhang über Gnadenwald

Wo das Halltal ins Inntal mündet und der Hundskopf steht, der die zweite Karwendelkette abschließt, wandern wir auf dieser Tour, die unwegsame Felsenwildnis des Karwendels immer vor Augen.

Talort: Absam, 632 m.
Ausgangspunkt: Ghf. Walderbrücke, 768 m, wo die Straße von Absam nach Gnadenwald über den aus dem Halltal kommenden Bach setzt. Parkmöglichkeit 500 m hinter der Walderbrücke (Richtung Gnadenwald), nahe der Walder Kapelle.
Höhenunterschied: 754 m.

Anforderungen: Mark. Wald- und Almwege.
Einkehr: Walderbrücke, Hinterhornalm.
Sehenswert: Die mächtigen Karstflanken von Bettelwurf und Walderkampspitze, zu deren Füßen die Wanderung verläuft; von der Alm wunderschöner Blick auf die Zentralalpen.

Die Kirche St. Martin in Gnadenwald.

![Die Kirche St. Martin in Gnadenwald]

Von der **Walderbrücke** folgt man dem »Erholungsweg« nach Osten, etwas oberhalb der Straße durch den Wald.

Man überquert das Schotterbett des Fallbachs und gelangt, bald steiler ansteigend, in die Nähe der Mautstraße, die man einige Male quert, zur **Hinterhornalm**. Schließlich immer steiler zu der auf einer kecken Aussichtswarte über dem Tal gelegenen Alm.

Als Abstieg empfiehlt sich folgende Route: Auf dem Fahrweg Richtung Walder Alm (vgl. Tour 13) und kurz vor der großen Almwiese rechts, talwärts auf den Forstweg abzweigen. Von ihm nach drei Kehren rechts ab und hinunter nach **Gnadenwald**. Auf dem Waldlehrpfad oberhalb des Orts im Wald nach Westen, bis man den Aufstiegsweg erreicht. Alternativ kann man auch auf dem Anstiegsweg absteigen (½ Std. kürzer).

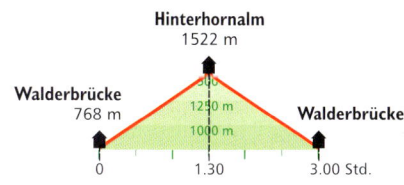

47

4.30 Std.

Ein beliebter, leichter Klettergipfel

Der kleine felsige Gipfelaufbau des Hundskopfs ist durch einen Klettersteig zugänglich gemacht worden, was seine Beliebtheit, zusammen mit der durch die Mautstraße auf die Hinterhornalm drastisch verkürzten Anmarschzeit, sehr erhöht hat. Dazu genießt man die schönen Rund- und aufregenden Tiefblicke ins Vomper Loch.

Talort: Gnadenwald, 890 m.
Ausgangspunkt: Hinterhornalm, 1522 m, am Endpunkt der Mautstraße von St. Martin im Gnadenwald, Parkplatz.
Höhenunterschied: 721 m.
Anforderungen: Am Gipfelaufbau des Hundskopfs einige Felsstufen, die durch Klammern und Drahtseile versichert sind; Bergerfahrung notwendig.
Einkehr: Hinterhornalm, Walder Alm.
Sehenswert: Die weiten Almböden der Walder Alm im Kontrast zur wilden Gebirgslandschaft um das Vomper Loch.

Den Aufstieg zum Hundskopf vermittelt der Ostgrat. Von der **Alm** führt der Steig zunächst direkt nach Norden über die Grashänge empor; in etwas mühsamem und u. U. schweißtreibendem Anstieg überwindet man den Latschengürtel und gelangt über einen steilen Hang auf einen grünen Rücken. Von hier stets dem markierten Steig folgend, der teils auf dem Grat, teils links davon über einen Vorgipfel zum **Hundskopfgipfel** leitet. Die Felspassagen sind versichert (Vorsicht, auch für Geübte). Der Abstieg folgt wieder dem Ostgrat. Als Variante kann der kurze Klettersteig (Felix-Kuen-Steig) nach Westen dienen, den ab der Scharte ein guter Steig (durch die Nordflanke) mit dem Ostgrat verbindet. Über diesen stets gerade zurück zur Waldgrenze und auf Steigspuren durch lichten Wald hinunter auf die weiten Wiesen der schon lange sichtbaren **Walder Alm**. Von hier auf dem breiten Fahrweg in ½ Std. zur **Hinterhornalm**.

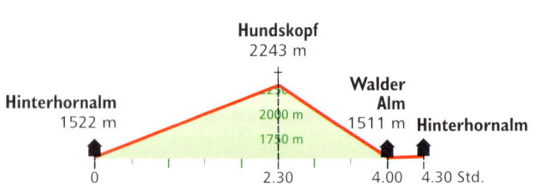

Die Walder Alm gegen das hinterste Vomper Loch.

14 *Vomper Loch*

In der wilden Urlandschaft des Karwendels

Das Vomper Loch ist einer der eindrucksvollsten Teile der Nordtiroler Kalkalpen, eine tiefe, unwegsame Schlucht unter den über 1000 m hohen Nordabstürzen der Zweiten Karwendelkette. Die Wege hier sind durchwegs erst durch künstliche Hilfsmittel gangbar gemacht und nach Unwettern oft beschädigt. Man sollte sich stets vor der Tour über ihren Zustand erkundigen.

Talort: Vomp, 563 m.
Ausgangspunkt: Ghs. Karwendelrast am Vomper Berg, 850 m, von Vomp auf Autostraße wenige Minuten, Parkplatz.
Höhenunterschied: Ca. 500 m.
Anforderungen: Ausdauer und absolu-
te Trittsicherheit. Wer Zeit hat, sollte eine 2-Tages-Tour mit Übernachtung am Halleranger und Weiterweg durchs Halltal nach Absam oder zum Hafelekar einplanen.
Einkehr: Ghs. Karwendelrast.

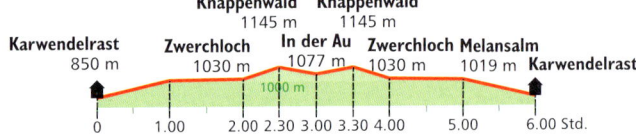

Von dem auf weiter Sonnenterrasse über der schluchtartigen Mündung des Vomper Lochs gelegenen **Ghs. Karwendelrast** geht man zunächst auf breitem Waldweg nordwestwärts ins Tal hinein, bis sich nach etwa 20 Min. der Weg gabelt. Man folgt dem linken Weg in westlicher Richtung über zwei tiefe Gräben zur **Melansalm**. Stets in gleicher Richtung weiter, vor dem Eingang des Zwerchlochs eine Kehre abwärts und nach rechts einwärts in das

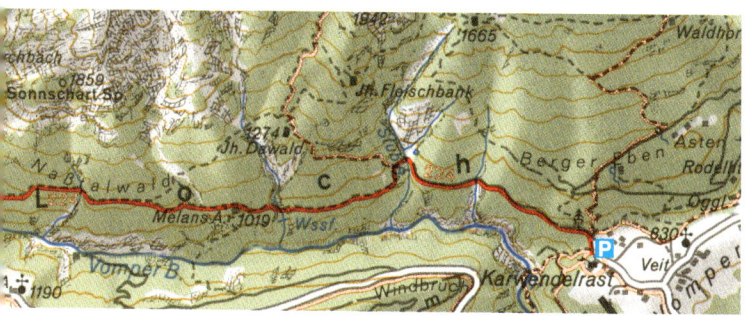

Tief in der wilden Felseinsamkeit des Vomper Lochs.

Zwerchloch und zum Jagdhaus. Von hier steigt man zum Bach hinunter, überquert ihn und gelangt kurz südwärts zum Beginn der »**Katzenleiter**«, eines durch 160 Stufen gangbar gemachten Steilabfalls. Man überschreitet die **Huderbankklamm** und steigt weiter südlich empor auf einen Rücken, wo sich der Weg wieder nach Westen in die Hauptrichtung des Vomper Lochs wendet. Man hält sich nun ohne größere Höhenverluste talein, zuletzt mit einigen steilen Kehren hinab in den **Ödbachkarlgraben**. Jenseits des Bachs steil empor, dann unter der so genannten »**Triefenden Wand**« steil abwärts in den Talboden des **Vomper Lochs**, über den Bach und am orografisch rechten Bachufer zum Jagdhaus »**In der Au**«.
Rückkehr auf demselben Weg.

15 *Vomper Joch, 1913 m*

Sonnige Wanderung für den Spätherbst

Das Vomper Joch ist der letzte sanfte Ausläufer des Karwendelhauptkamms im Osten, mit fast 40 km die längste und mit der Birkkarspitze, 2749 m, die höchste Kette des Karwendels. Es ist ratsam, diese Wanderung an nicht allzu heißen Herbsttagen zu unternehmen; der Weg verläuft ausschließlich über steile Südhänge.

Talort: Vomp, 563 m.
Ausgangspunkt: Vgl. Tour 14.
Höhenunterschied: 1063 m.
Anforderungen: Ausdauer und etwas Orientierungsvermögen.
Einkehr: Ghs. Karwendelrast.
Sehenswert: Obwohl wir uns hier am äußersten Rand des Gebirges bewegen, bietet die Wanderung schöne Einblicke in die wilde und weithin unwegsame Bergwelt.

Von der **Karwendelrast** zunächst auf kleinem Steig gerade im Wald hinauf, dann auf einem Forstweg nach rechts zur Lichtung Bergereben (bis hierher Schilder »Rundwanderweg Bergereben«). Hier zweigt nach links der Steig ab (Ww. »Waldhorbalm, Hirschkopf«), dem man durch z. T. sehr steilen Wald zur einsamen kleinen **Waldhorbalm** folgt. Von hier hält man sich dann wiederum deutlich rechts in die steile Ostflanke des **Vomper Jochs**, das man auf schmalem, aber gutem Steig nach etwa 1 Std. Gehzeit erreicht. Die grüne Kuppe mit Kreuz wird auch »Hirschkopf« genannt, da »Vomper Joch« den ganzen Rücken meint, der nach Osten ins Inntal absinkt.

Der Abstieg erfolgt auf demselben Weg. Für Trittsichere empfiehlt sich eine Variante: Kurz unterhalb des Gipfels bei einer dürftigen Quelle verlässt man den Aufstiegsweg nach links und folgt dem teils grasigen, teils bewaldeten Rücken ostwärts. Zuletzt steil hinunter zum **Jagdhaus Ochsenhag**. Hier dem Ww. »Vomperberg« folgend wieder westwärts die teils felsdurchsetz-

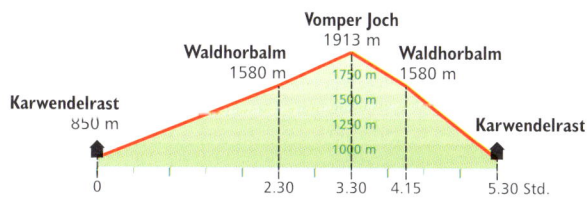

Am Vomper Joch: Blick nordwärts zum Sonnjoch.

ten Hänge (Drahtseilsicherungen) querend und zuletzt durch weniger steilen Wald hinunter zur Bergereben.

Vomper Joch
1913 m

Waldhorbalm
1580 m

Waldhorbalm
1580 m

Karwendelrast
850 m

Karwendelrast

1750 m
1500 m
1250 m
1000 m

0   2.30   3.30 4.15   5.30 Std.

7.15 Std.

Eine weite Runde im Tal des letzten Bären

Im Stallental wurde 1898 der letzte Bär auf Nordtiroler Boden erlegt. Am Weg zur Stallenalm errichtete man ihm vor etlichen Jahren ein kleines Denkmal.

Talort: Fiecht, 574 m.
Ausgangspunkt: Weng, 780 m, Fahrstraße von Fiecht, Parken bei Hinweistafeln.
Höhenunterschied: 1296 m.
Anforderungen: Gut mark. Wege und Steige; einige Ausdauer nötig.

Einkehr: St. Georgenberg, Stallenalm.
Sehenswert: St. Georgenberg, Wallfahrtskirche, alte Benediktinerabtei, interessanter Gebäudekomplex über dem Stallental. Im 10. Jh. Einsiedelei, seit 1138 Kloster, mehrfach von Bränden und Lawinen beschädigt.

Bei **Weng** verzweigen sich die Fahrwege ins Stallental und nach St. Georgenberg. Man hält sich rechts auf dem Fahrweg (Kreuzwegstationen, Fahr-

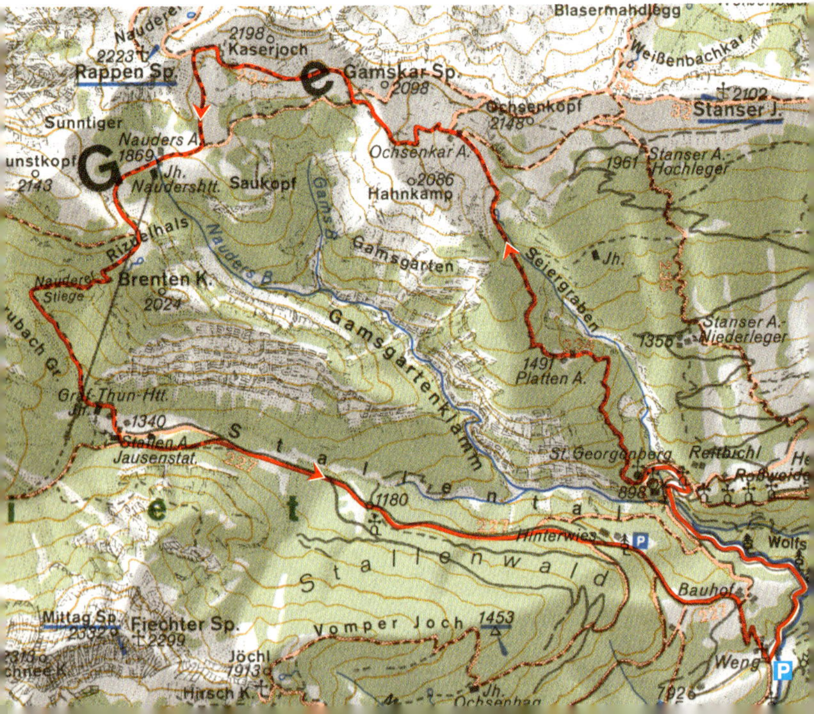

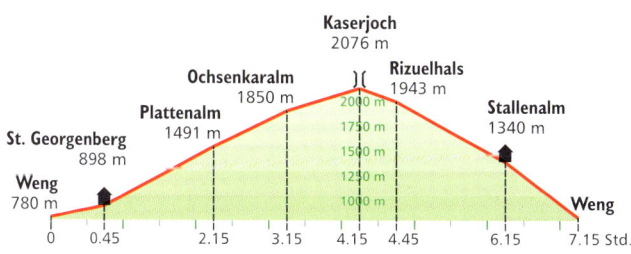

Die Stallenalm.

verbot), der bald ins Stallental einbiegt, wo man am Hang gegenüber das **Kloster Georgenberg** erblickt. Hinab ins Tal, über die Brücke und jenseits empor zum Kloster (Gasthof). Der markierte Weg (Nr. 234) steigt von dort durch den steilen Wald hinauf zur **Plattenalm** und weiter in den obersten Seiergraben und zur Waldgrenze. Bei der Gabelung hält man sich links zur **Ochsenkaralm** und durch die grasigen Südhänge von Gamskar- und Kaserjochspitze nach Westen auf das grüne **Kaserjoch**. Vom Joch zuerst gerade in südlicher Richtung abwärts; dann gegen rechts auf einen breiten Sattel; weiter jenseits stets rechts haltend hinab zur **Naudersalm**. Richtung Westen über die Almböden zum **Rizuelhals** empor. Jenseits südwärts über die **Nauderer Stiege** ziemlich steil in den großen Grubachgraben hinab, durch den man die **Jausenstation Stallenalm** erreicht. Von dort auf dem breiten Almweg talaus zum Gehöft Bauhof und kurz hinab nach **Weng**.

Kaserjoch
2076 m

Ochsenkaralm
1850 m

Rizuelhals
1943 m

Plattenalm
1491 m

Stallenalm
1340 m

St. Georgenberg
898 m

Weng
780 m

2000 m
1750 m
1500 m
1250 m
1000 m

Weng

0   0.45   2.15   3.15   4.15 4.45   6.15   7.15 Std.

Ein steiler Anlauf zur Höhe

Bei dieser Tour ist die Zufahrt zur Alm schon ein veritables Abenteuer. 1000 Hm kurvt man in sehr steilem Wald kehrenreich empor – und erreicht am Ende einen lieblichen, mit Lärchen bestandenen Almboden mit uriger Almwirtschaft.

Talort: Pfaffenhofen, 642 m.
Ausgangspunkt: Pfaffenhofer Alm, 1694 m, mit Pkw erreichbar (Genehmigung wochentags im Gemeindeamt Pfaffenhofen, sonst auf der Alm), Parkplatz.
Höhenunterschied: 919 m.

Anforderungen: Mark. Steige.
Einkehr: Pfaffenhofer Alm (Sommer), Peter-Anich-Hütte, Rietzer Alm.
Sehenswert: Grandioser Tiefblick ins Inntal, darüber die einsamen Blockgipfel der nördlichen Sellrainer Berge.

Der gut markierte und an abschüssigen Stellen versicherte Weg verläuft ab der **Pfaffenhofer Alm** in einigem Auf und Ab nach Osten hinauf zur noch spektakulärer auf einem Logenplatz über dem Inntal gelegenen kleinen **Peter-Anich-Hütte**; gleich nebenan steht die Rietzer Alm.

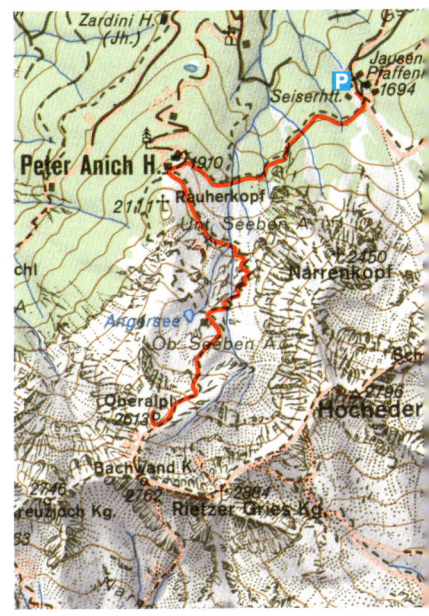

Wer sich nicht damit begnügt, in knapp 1 Std. den Hüttenberg, den **Rauhen Kopf**, 2111 m, zu besteigen, wer also die ersten Etappen locker gemeistert hat, der folgt von der Hütte links haltend dem markierten Steig ins weite Hochtal der Seebenalm hinein. Nach 1 Std. erreichen wir die zauberhaft am kleinen Angersee gelegene **Obere Seebenalm**. Weiter geht es südwärts hinauf durch zunehmend unwirtliches Gelände, doch ohne Schwierigkeiten, bis wir nach 1 Std. die ebene, grasige Hochfläche des **Oberalpls** erreichen, unmittelbar unter den schroffen Gipfelaufbauten des Bachwandkopfs und des Rietzer Grieskogels gelegen. Diese stolzen Gipfel sind für geübte

Die Peter-Anich-Hütte gegen die Hohe Munde.

Bergsteiger von hier in je einer weiteren ½ Std. erreichbar.
Der Abstieg erfolgt auf demselben Weg.

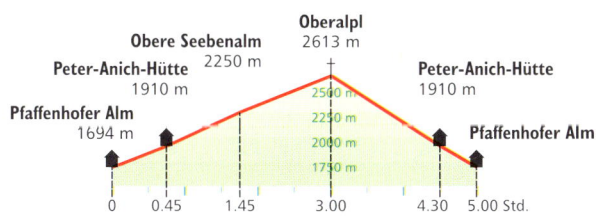

Von Flaurling in die Sellrainer Berge

Der Rauhe Kopf ist eine unauffällige Erhebung im langen, flach nach Süden zur Peiderspitze ziehenden Kamm, der sich im Brechten, Hohen Bremstall und in den Schloßköpfen fortsetzt. Am Rauhen Kopf liegt der Kreuzungspunkt der Steige und Wege von Flaurling herauf, der Flaurlinger Alm (Westen), dem Rangger Köpfl (Osten), der Inzinger Alm (unten im Hundstal) und dem Archbrand (Nordosten).

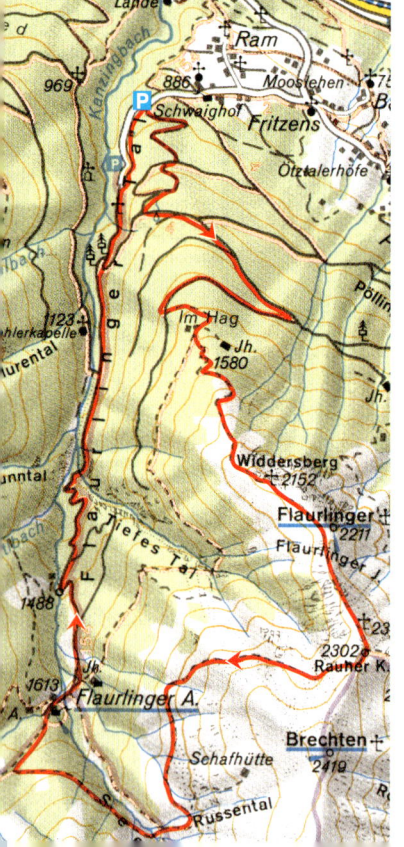

Talort: Flaurling, 675 m.
Ausgangspunkt: Flaurlinger Berg, 900 m, schön gelegene Weiler auf der Terrasse über Flaurling, Fahrstraße Richtung Flaurlinger Alm bis zum Waldrand frei befahrbar. Parken am Waldrand kurz vor Fahrverbot.
Höhenunterschied: Gut 1400 m.
Anforderungen: Gut mark. Wege und Steige; Ausdauer (1400 Hm!) erforderlich.
Einkehr: Flaurlinger Alm.
Sehenswert: Die nördlichen Sellrainer Berge sind besonders im Herbst ein ausgesprochen lohnendes Wandergebiet, das mangels großer Attraktionen, Seilbahnen und dergleichen niemals überlaufen ist.

Am Oberrand des **Flaurlinger Bergs** direkt am Waldrand zweigt nach links ein Forstweg ab (Ww., Markierung 4). Auf diesem in weiten Kehren durch Wald empor zum ebenfalls markierten Steig. Auf diesem über freie Höhen auf den Kamm, aus dem **Widdersberg**, **Flaurlinger Joch**, und **Rauher Kopf** nur unwesentlich aufragen. Widdersberg und Rauhen Kopf schmücken Gipfelkreuze. Zurück ins Tal zuerst über der Waldgrenze nach Westen und Südwesten durch steile Hänge hinein ins hinterste

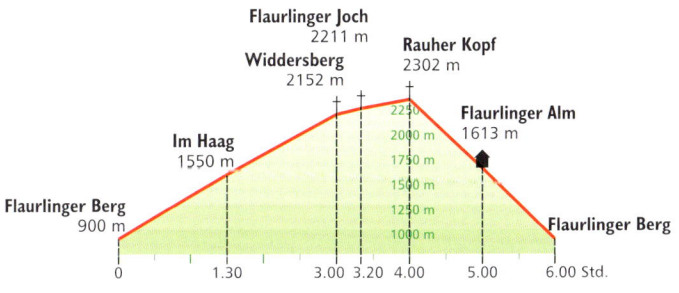

Die Flaurlinger Alm.

Flaurlinger Tal, wobei man das kleine Seetal ausgeht und dann nach rechts absteigend über die Oberhofener Alm zur **Flaurlinger Alm** gelangt, die idyllisch im hintersten Talgrund gelegen ist. Von hier leitet uns der Talweg, immer leicht fallend, durch das enge, bewaldete Flaurlinger Tal an zahlreichen Seitentälern vorbei hinaus zum Ausgangspunkt.

Flaurlinger Joch
2211 m

Widdersberg
2152 m

Rauher Kopf
2302 m

Flaurlinger Alm
1613 m

Im Haag
1550 m

Flaurlinger Berg
900 m

Flaurlinger Berg

2250
2000 m
1750 m
1500 m
1250 m
1000 m

0   1.30   3.00 3.20 4.00   5.00   6.00 Std.

Lange Mittelgebirgswanderung über dem Oberinntal

Der Peter-Anich-Weg ist nach dem bedeutendsten Tiroler Kartografen (1723–66) des 18. Jahrhunderts benannt, der in Oberperfuß geboren wurde. Er erstellte zusammen mit seinem ebenfalls aus Oberperfuß stammenden Mitarbeiter Blasius Hueber die erste umfassende Landkarte von Tirol, die nach ihm benannte Anich-Karte. Der in seiner vollen Länge einige Ausdauer erfordernde Weg folgt einer Reihe von meist ebenen oder leicht an- bzw. absteigenden Wanderwegen auf dem südlich über dem Oberinntal zwischen Kematen und Oberhofen gelegenen Mittelgebirge, einer ruhigen Gegend mit verstreuten Weilern und einzelnen Bergbauernhöfen.

Ausgangspunkt: Oberperfuß, 812 m. Parken im Ort. Will man diese Tour in voller Länge unternehmen, so ist die Benützung öffentlicher Verkehrsmittel sinnvoll (Postauto Innsbruck – Oberperfuß, retour mit Bus oder Bahn Pfaffenhofen – Innsbruck).
Höhenunterschied: Ca. 100 m.
Anforderungen: Bequeme Wanderwege, Ausdauer erforderlich.
Einkehr: In Ranggen, sowie Jausenstation Bergfrieden am Hattinger Berg.
Sehenswert: Die Bergbauernhöfe des Inzinger und Hattinger Bergs.

Der Weg folgt zunächst der – allerdings wenig befahrenen – Autostraße von **Oberperfuß** nach **Ranggen**. Am oberen (südlichen) Ende von Ranggen zweigt man bei einer Häusergruppe links aufwärts ab. Weiter führt der Weg nun stets westwärts über Gräben, durch kleine Waldstücke und zwischen Wiesen und Höfen zum Weiler **Eben** und weiter nach **Hattingberg**.
Nach einem weiteren waldigen Graben erreicht man den **Pollingberg** und den **Flaurlinger Berg**, eine weitere schöne Wiesenterrasse mit

1:75 000

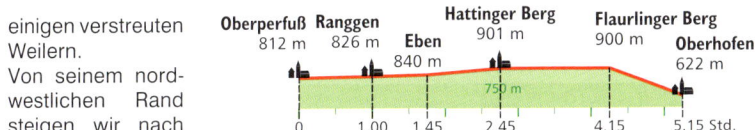

Am Inzinger Berg.

einigen verstreuten Weilern.
Von seinem nord-westlichen Rand steigen wir nach **Flaurling** und zum

| Oberperfuß | Ranggen | Eben | Hattinger Berg | | Flaurlinger Berg | Oberhofen |
| 812 m | 826 m | 840 m | 901 m | | 900 m | 622 m |

750 m

| 0 | 1.00 | 1.45 | 2.45 | 4.15 | 5.15 Std. |

Talboden des Inntals ab, wo man auf dem Peter-Anich-Weg noch weiter bis nach **Oberhofen** im Inntal wandern kann.

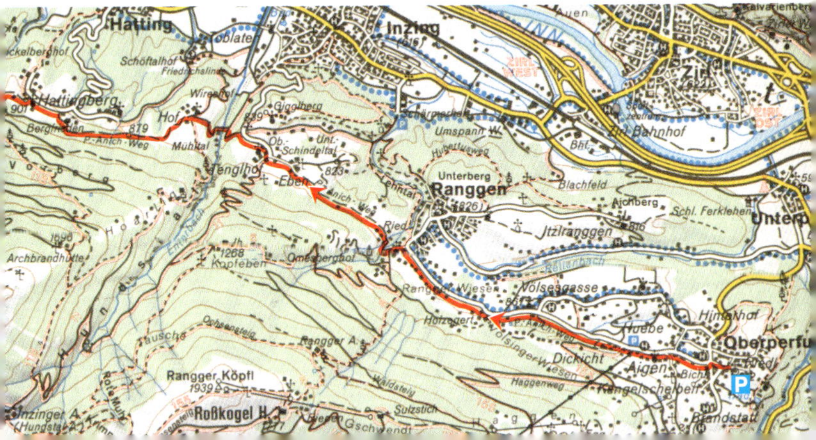

20 Rangger Köpfl, 1939 m, und Inzinger Alm, 1641 m

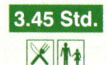

3.45 Std.

Alpenrosen und Bergweiden im Angesicht der Großstadt sowie ein versteckter Almboden

Den Almboden der Inzinger Alm, zauberhaft und weltabgeschieden, erreicht man von Inzing. Als viel schöner erweist sich allerdings der Zugang über die aussichtsreiche Höhe des Rangger Köpfls.

Talort: Oberperfuß, 812 m.
Ausgangspunkt: Stieglreith, 1363 m, auf schmaler, kurvenreicher, gut ausgebauter Straße von Oberperfuß erreichbar; Parkplatz.

Höhenunterschied: 576 m.
Anforderungen: Gut mark. und beschilderte Wanderwege.
Einkehr: Stieglreith (Restaurant/Jausenstation), Roßkogelhütte, Inzinger Alm.

Zum Rangger Köpfl folgt man von **Stieglreith** dem markierten Weg an der Südseite des langen, bewaldeten Rückens hinauf zur **Roßkogelhütte**. Eilige können gerade hinauf die in den Wald geschlagene Schneise der Skiabfahrt nehmen. Die Roßkogelhütte steht an der Waldgrenze, wo sich der Blick nun mehr und mehr nach allen Seiten weitet. Am besten folgt man dem so genannten Alpenrosensteig (Tafel), der etwas an der Nordseite des **Rangger Köpfls** auf dieses emporführt. Von dessen runder (ebenso wie

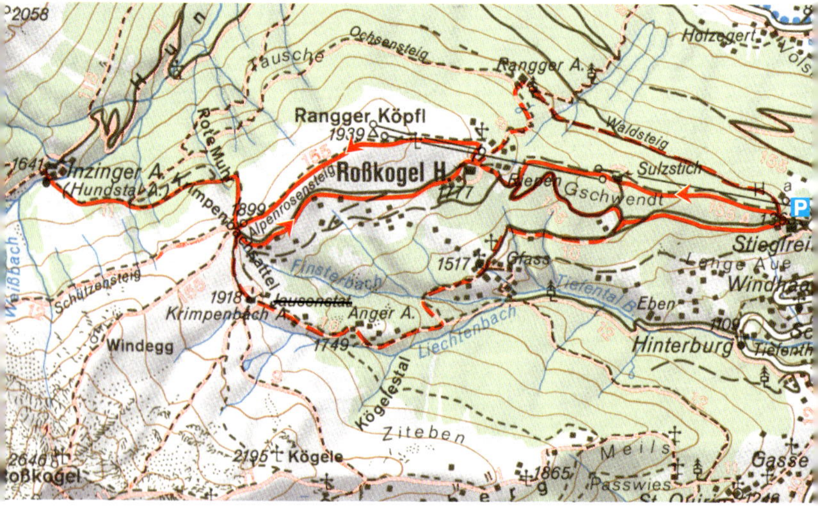

Die Inzinger Alm im Hundstal.

der östlich gegenüberliegende Patscherkofel), von den Eiszeitgletschern abgeschliffener Kuppe überschaut man an klaren Tagen das Inntal vom Mieminger Plateau bis zum Kellerjoch. Vom Gipfel empfiehlt sich die Runde zum **Krimpenbachsattel** und dann hinunter ins hinterste Hundstal zur **Inzinger Alm** (auch »Hundstalalm«), einer idyllisch am Rand weiter grüner Böden gelegenen Almwirtschaft.

Von der Inzinger Alm wieder auf die Böden am Krimpenbachsattel angestiegen, hat man verschiedene Wege für den Abstieg zur Wahl: Wir nehmen den kürzesten, also den Fahrweg hinüber zur **Roßkogelhütte**, dann dem Aufstiegsweg folgend nach **Stieglreith**.

Die Varianten über die Krimpenbachalm (südlich) und Gfass oder über die Rangger Alm (nördlich) sind um einiges länger.

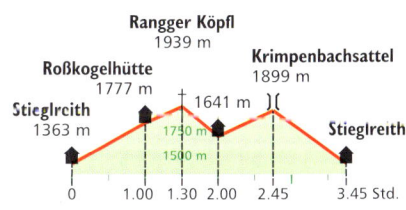

5.45 Std.

Einer der Eckpfeiler des Innsbrucker Bergpanoramas

Blickt man von Innsbruck ins Rund der Berge, die der Umgebung der Stadt von allen Seiten ihr höchst markantes Gepräge geben, so fällt im Westen als Eckpfeiler über dem Inntal die breite, oben recht felsig zulaufende Pyramide des Roßkogels auf. Seine Besteigung ist nicht ganz leicht und vor allem mit der Überwindung etlicher Höhenmeter verbunden – so kann man nur hoffen, dass sich bei Erreichen des Gipfelkreuzes auch alle Wolken verzogen haben, damit man die hervorragende Aussicht genießen kann.

Talort: Oberperfuß, 812 m.
Ausgangspunkt: Stieglreith, 1363 m (vgl. Tour 20).
Höhenunterschied: 1283 m.
Anforderungen: Ausdauer; im obersten Teil felsig, Trittsicherheit erforderlich.
Einkehr: Stieglreith, Roßkogelhütte.

Sehenswert: Der Roßkogel ist einer der prominenten Aussichtsberge über dem Innsbrucker Becken.
Varianten: Rangger Köpfl, 1½ Std. vom Tal. Roßkogelabstieg über die Südflanke und auf mark. Steig durch die NO-Flanke zu Krimpenbachalm und Roßkogelhütte.

Zunächst wie bei Tour 20 von **Stieglreith** zum **Krimpenbachsattel**. Hier folgt man dem zuerst breiten und grasigen Rücken nach Süden auf den bald sich sehr steil aufschwingenden Nordgrat des Roßkogels zu. In nach und nach felsiger werdendem Gelände erreicht der Steig das **Windegg**, das ebenso wie der Gipfel des **Roßkogels** von einer Funkanlage »geziert« wird. Die letzten Meter auf diesen hinauf erfolgen am blockig abschüssigen Grat und sind etwas heikel. Der Abstieg erfolgt auf demselben Weg.

Auf einer (ziemlich sanften) Variante erreicht man über die Südflanke und auf einem markierten Steig durch die Nordostflanke die Krimpenbachalm. Von dieser führt dann ein Weg erst nord-, dann ostwärts eben hinaus zur **Roßkogelhütte**. Für weniger Trittsichere ist dieser Weg auch als Anstieg empfehlenswert.

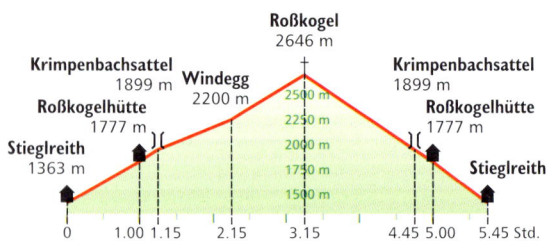

Die Roßkogelhütte.

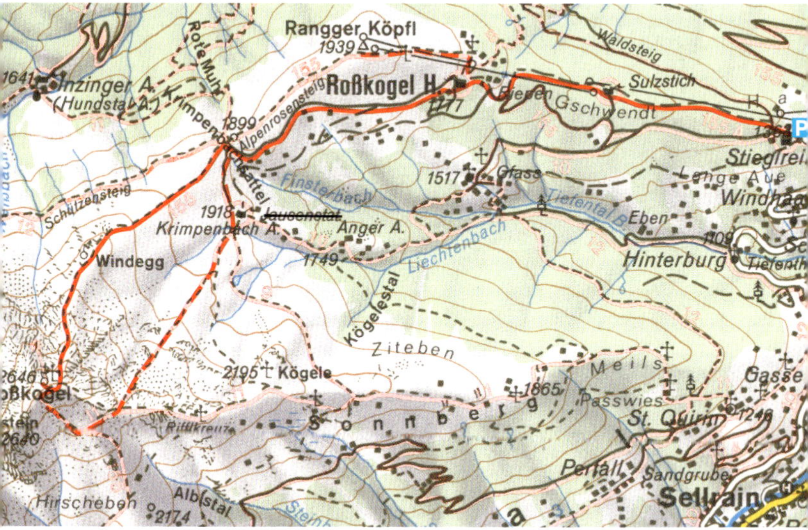

Sellrainer Sonnberg, 2195 m

Einsame Almböden über dem Sellraintal

Der Sonnberg ist kein eigentlicher Gipfel, sondern ein dem Rangger Köpfl ähnlicher, weiter, kahler Wiesenrücken, der vom Roßkogel genau ostwärts gegen St. Quirin herabzieht, eine kleine Siedlung, die auf einen eindrucksvoll steilen Hang über Sellrain buchstäblich hingeklebt erscheint. Das Kirchlein ist weithin im Tal sichtbar und lohnt allein schon den Weg von Sellrain.

Tiefblick von St. Quirin auf Sellrain.

Ausgangspunkt: St. Quirin, 1246 m, kleine Ortschaft mit gotischem Kirchlein am bemerkenswert steilen Sonnenhang über Sellrain; von dort oder von Oberperfuß auf schmaler, asphaltierter Bergstraße erreichbar, 3 km, nur beschränkte Parkmöglichkeit .

Höhenunterschied: 949 m.

Anforderungen: Mark. Almsteig.

Einkehr: Keine.

Sehenswert: Das schön restaurierte spätgotische Kirchlein von St. Quirin.

Von **St. Quirin** führt der Weg zunächst durch dichten Fichtenwald (einige Wegzeichen und Marterln) gegen Nordwesten auf den erwähnten Rücken empor.
Im Weiteren hält man sich stets auf diesem.

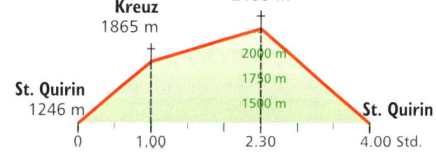

Auf jedem der nun folgenden Absätze oder Schultern im Rücken steht ein Kreuz oder Vermessungszeichen, das zur Rast und den bereits Ermatteten zur Umkehr einlädt. Sehr Ausdauernde können dem Weg so immer weiter bis zum Gipfel des Roßkogels folgen; vom **Sonnberg-Kreuz** auf 2195 m – auch »Kögele« genannt – sind es allerdings noch 1½ Std. (vgl. Tour 21).
Im Abstieg über den weiten Wiesenrücken (zurück nach St. Quirin) genießt man die Aussicht auf die Kalkkögel gegenüber im Osten. Wer nicht zum Fahrzeug nach **St. Quirin** zurück muss, kann auch (als Alternative) nach Gries im Sellrain absteigen. Der markierte, aber undeutliche Steig zweigt auf ca. 2000 m Höhe knapp unterhalb des (von der Waldgrenze gezählt) zweiten Kreuzes ab und quert taleinwärts, bis er auf den Steig trifft, der vom Roßkogel direkt südwärts ins Sellraintal hinabführt.

2000 m über dem Inntal

Dass der Pirchkogel ein lohnender Skiberg sein muss, lässt sich auch bei einer Besteigung im Sommer oder Herbst (besonders ratsam) leicht feststellen.

Ausgangspunkt: Kühtai, 2017 m, großer Parkplatz.
Höhenunterschied: 811 m.
Anforderungen: Mark. Steig.
Einkehr: In Kühtai.

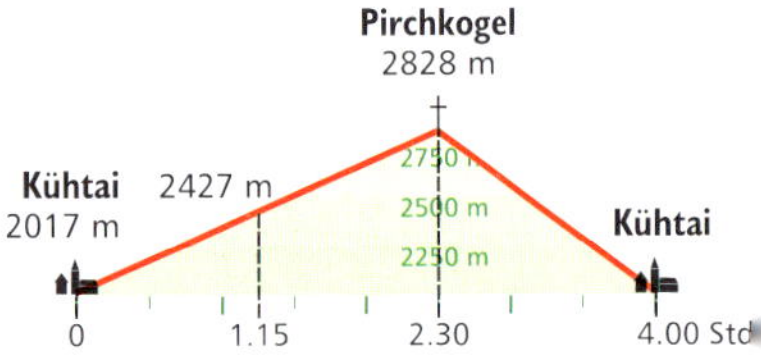

Pirchkogel
2828 m

Kühtai 2427 m
2017 m

2750 m
2500 m
2250 m

Kühtai

0   1.15   2.30   4.00 Std.

Von den **Kühtaier Hotels** geht man nordwärts kurz über den flachen, etwas sumpfigen Talboden, wo gleich links neben dem kleinen Schlepplift der Steig beginnt, der bald den von den Innsbrucker Skifahrern »Happy Valley« getauften Graben nach links verlässt und über den sandigen, mit Graspolstern und Alpenrosenstauden bewachsenen Rücken auf die weite Hochfläche der **Stockacher Böden** (auch: Schwarzmoos) emporleitet. Hierher auch auf dem Steig direkt von der Dortmunder Hütte. Man folgt dem

Der Finstertaler See gegen den Sulzkogel.

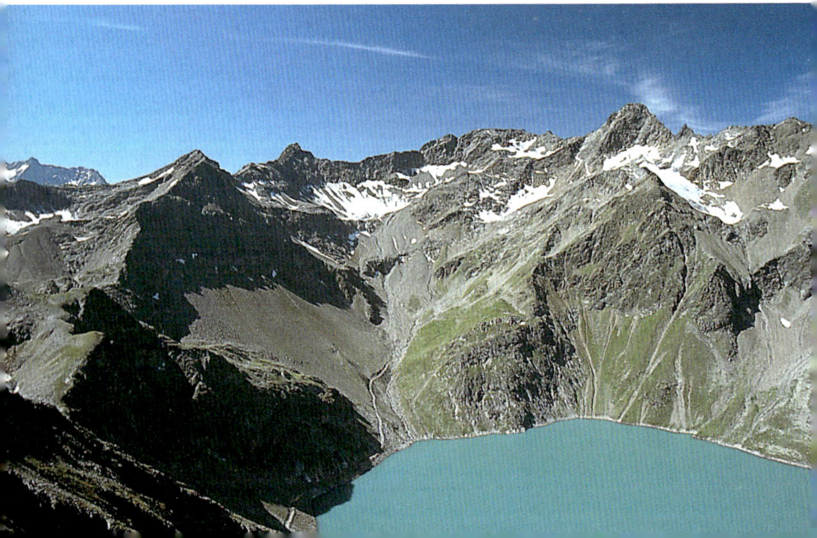

Kühtai gegen Zwölferkogel und Acherkogel (Südwesten).

auf den Wiesenböden teils undeutlichen Steig nordwestwärts zur Schlepplift-Bergstation, wo man ein beeindruckendes Bauwerk vorfindet: Zwei Silzer Schäfer haben hier 1932/33 einen fast mannshohen Schafhag aus Steinen aufgeschichtet, woran auch eine Tafel erinnert. Vorbei an den kleinen Bergseen, an deren östlichstem sich eine limnologische Forschungsstation befindet, über steile Blockhalden in eine felsige Scharte südlich unter dem **Pirchkogel**, dessen Gipfelaufbau ein riesiger Schutthaufen ist, der nach oben zu flacher wird. Das Gipfelkreuz steht auf dem Nordgipfel.

Der Abstieg erfolgt auf demselben Weg.

Almwanderung am Nordwesteck der Stubaier Alpen

Ochsengarten, der Talort dieser Tour, liegt zwar in der Nähe der Fremden-verkehrszentren Oetz und Kühtai, hat aber noch viel vom Charakter einer ab-geschiedenen Bergbauernsiedlung bewahrt.

Talort: Ochsengarten, 1538 m.
Ausgangspunkt: Sattele (Silzer Jöchl), 1690 m, höchster Punkt der interessan-ten Bergstraße, die von Ochsengarten (Ortsteil Wald) nach Haiming im Oberinn-tal führt (Wegkreuz, Ww.), 2 km von Wald; am Sattele kleiner Parkplatz.
Höhenunterschied: 494 m.
Anforderungen: Gut mark. Waldwege und Almsteige.
Einkehr: Jausenstation Feldringalm, Ghf. Marlstein.
Sehenswert: Schöne Aussicht auf die Acherkogelgruppe und die nördlichen

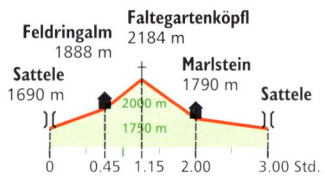

Ötztaler Alpen, dazu wunderbarer Rund-blick über den Geigenkamm und die nördlichen Kalkalpen von den Lechtalern bis zum Karwendel.

Vom **Sattele** nordostwärts durch mäßig geneigten Wald auf dem gut mar-kierten Forstweg zur **Feldringalm** auf einer kleinen Wiesenfläche. Der Steig wendet sich ostwärts und erreicht bald die Waldgrenze, die hier auf ca. 2000 m verläuft. Nun auf dem links, ostwärts emporführenden Steig bis in

Blick gegen die Mieminger Kette.

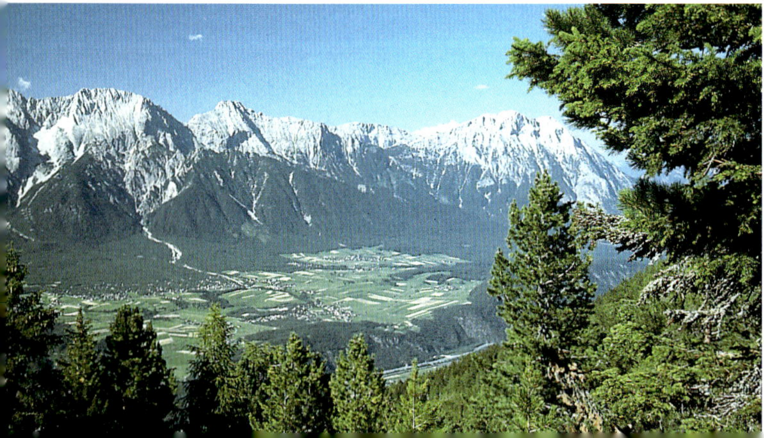

Die Feldringalm gegen Westen.

die Falllinie des **Faltegartenköpfls**. Über kleine Felsabsätze auf steilerem Steig zum Gipfel.

Vom Köpfl in die Einsattelung östlich davon. Dort auf dem Steig etwas links haltend am Oberrand der Feldringer Böden abwärts zur Wegverzweigung an der Geländekante; hier steiler durch Wald nach Süden hinab zum Weiler **Marlstein** mit Kapelle und Gasthof.

Für den Rückweg zum Sattele auf dem Weg am Oberrand der Marlsteiner Wiese und erst leicht fallend, zuletzt wieder ein wenig ansteigend am Waldhang über den Weilern und Einzelhöfen von Ochsengarten zurück zum **Sattele**.

Aussichtsberg über der »Kühtaier Seenplatte«

Der Gaiskogel ist das südliche Gegenstück des Pirchkogels; auch seine Ersteigung ist sehr lohnend, nicht zuletzt weil sich infolge des hoch gelegenen Ausgangspunkts Kühtai die Anstiegslänge in Grenzen hält: In weniger als drei Stunden erreicht man den höchsten Punkt des felsigen Gipfelaufbaus; bei Benützung des im Sommer in Betrieb befindlichen Plenderleseelifts verkürzt sich der Anstieg nochmals um knapp eine Stunde.

Ausgangspunkt: Kühtai, 2017 m, großer Parkplatz.
Höhenunterschied: 803 m.
Anforderungen: Mark. Steig, im letzten Teil unschwierige Blockkletterei; gutes Schuhwerk, Trittsicherheit erforderlich.
Einkehr: Drei-Seen-Hütte.
Sehenswert: Die Plenderleseen auf der Hochfläche des Wiesbergs; vom Gipfel schöne Aussicht auf die Stubaier Alpen.

Geht man von **Kühtai** zu Fuß, so folgt man dem markierten Steig, der stets links des Sessellifts über die freien Hänge zu dessen Bergstation mit der **Drei-Seen-Hütte** und danach nördlich über dem Unteren und dem Oberen **Plenderlesee** vorbei ins von Plenderleseekogel, Gaiskogel, Pockkogel und Neunerkogel umrahmte Hochkar emporführt. Der Speicher Finstertal, die zum Damm emporführende Werksstraße, die Lifte und Hotels bleiben allmählich zurück: vom Gipfel überschaut man wieder alles auf einen Blick. Der Steig leitet aus dem blockerfüllten Kar zuletzt sehr steil in die Gaiskogelscharte empor, von der man ohne besondere Schwierigkeiten gegen Nordosten zuerst steil, dann etwas flacher bis nahe zum Gipfel des **Gaiskogels**

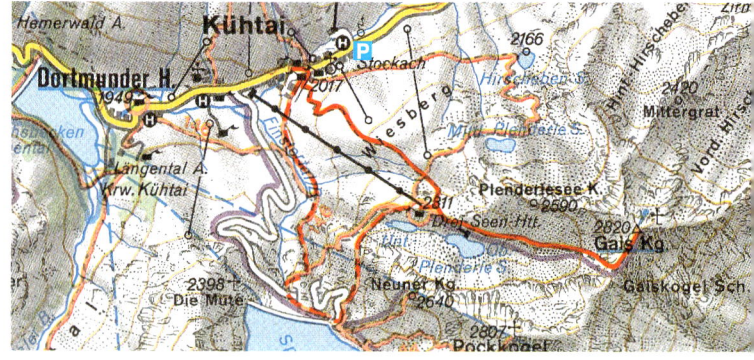

Tiefblick vom Gipfel auf die Plenderleseen, im Hintergrund Zwölfer- und Acherkogel.

ansteigt, den man über Blockwerk erklettert.

Der Abstieg erfolgt auf demselben Weg. Kaum länger ist die Variante zum Speicher Finstertal: Von der Plenderlesee-Bergstation auf dem markierten Steig nach links um den Rücken des Neunerkogels.

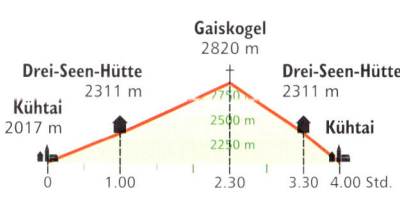

Der Bergsee über den »Zwingen«

Von Haggen an beginnt sich das charakteristische Bild des inneren Sellraintals auszubilden: die Sonnenhänge, die bis zu 1200 m hoch steil und unbewaldet zu den Gipfeln der Nördlichen Sellrainer Berge (ca. 3000 m) emporziehen, Folge der Rodungstätigkeit der frühen Besiedler und jeden Winter Ursache häufiger Lawinengefahr für Straße und Siedlungen.

Oberhalb von Haggen tragen die Bemühungen, die kahlen Hänge wieder aufzuforsten, erste Früchte. Den anderen Charakter der Sellrainer Berge zeigt das Kraspestal, in das unsere Wanderung führt: ein unwirtliches, einsames Hochtal, von Eiszeitgletschern geformt. Die zwei »Zwingen« sind charakteristische Merkmale des Tals, Eng- und Steilstufen und im Winter Wegzeichen für die Ski-Besteiger des Zwiselbacher Roßkogels (3081 m).

Der Kraspessee bildete sich nach dem Rückzug des Getschers innerhalb der Moränenwälle und verlandet nun allmählich.

Ausgangspunkt: Haggen, 1646 m, im innersten Sellraintal, inmitten weiter Wiesenflächen, Postautohaltestelle, Parkplatz unterhalb der Talstraße.
Höhenunterschied: 903 m.
Anforderungen: Guter Fußweg, zuletzt Steig, mark.
Einkehr: Ghs. Haggen.
Sehenswert: Das von wilden Urgesteinsgipfeln eingerahmte einsame Bergtal.

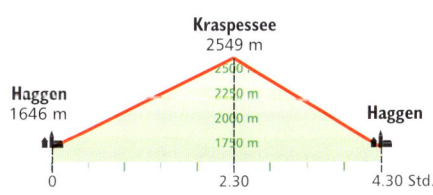

Haggen mit Rotgrubenspitze.

Auf dem markierten Steig durch das **Kraspestal** (in der letzten Steilstufe Vorsicht bei einer etwas ausgesetzten Stelle!) hinauf zum **Kraspessee**, wo der Steig endet. Im Talschluss ragt über dem Kraspesferner der Zwiselbacher Roßkogel auf. Abstieg auf demselben Weg.

Kraspessee
2549 m

Haggen
1646 m

Haggen

2500
2250 m
2000 m
1750 m

0   2.30   4.30 Std.

27 Neue Pforzheimer Hütte, 2310 m

5.15 Std.

Im hintersten Gleirschtal

Die in den Jahren 1926/28 erbaute Neue Pforzheimer Hütte (Adolf-Witzenmann-Haus), prominent auf einer Geländestufe hoch über dem innersten Gleirschtal gelegen, ist nicht nur Stützpunkt für hochalpine Fahrten in den südlichen Sellrainer Bergen, sondern auch lohnendes Ziel eines Tagesausflugs von St. Sigmund, bei dem man das abgeschiedene Gleirschtal in seiner gesamten Länge durchwandert.

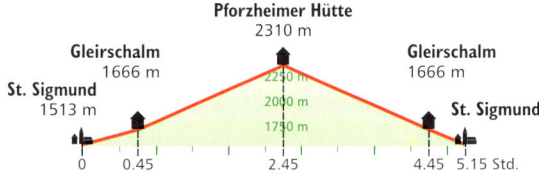

Ausgangspunkt: St. Sigmund im Sellrain, 1513 m, Parkplatz, gebührenpflichtig, Münzen für Automaten bereithalten!
Höhenunterschied: 1123 m.
Anforderungen: Mark. und beschilderte Wege und Steige.
Einkehr: Gleirschalm, Neue Pforzheimer Hütte.
Sehenswert: Lauschige Almen zwischen unwirtlichen Bergeshöhen.

Die Neue Pforzheimer Hütte.

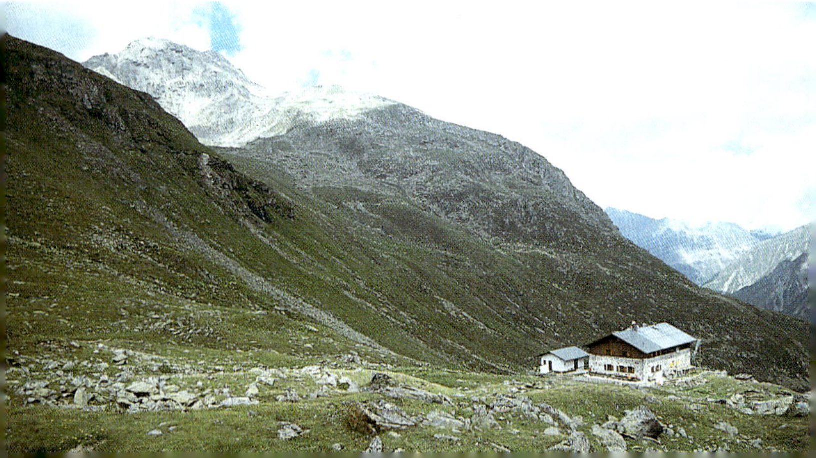

Vom Parkplatz an der großen Straßenkehre in **St. Sigmund** geht es zunächst auf dem Fahrweg talein zu den ehemaligen **Gleirschhöfen**, 1666 m, einer Bergbauernansiedlung, die heute nur noch als Alm und Gastwirtschaft (»Gleirschalm«) weitergeführt wird. Von hier können ausdauernde Geher die lohnenden Anstiege zum Mutenkogel oder zur Freihut unternehmen, den zwei Gipfeln, die den Eingang zum Tal flankieren.

Weiter stets dem markierten Weg folgend über die Böden der Vorderen und der Hinteren **Gleirschalm** talein. An der Talstation der Materialseilbahn biegt man nach Westen, überquert den Bach und gelangt über die letzte Steilstufe hinauf zur bereits sichtbaren **Pforzheimer Hütte**.

Der Abstieg erfolgt auf demselben Weg.

Verlängern kann man die Tour über einen netten Weg südwärts talein über die Kuhwarte zu den Seblen, einer Gruppe von winzigen Seen auf 2420 m Höhe.

In den südlichen Sellrainer Bergen

Der Gasthof Lisens, mit Kapelle und Alm, ist die letzte Dauersiedlung im Lisenstal und befindet sich seit dem 12. Jh. im Besitz des Klosters Wilten. Hinter den Häusern liegt der imposante Talschluss mit dem Lisenser Ferner und dem Fernerkogel, dessen spitz aufragende Felsform schon von Gries aus sichtbar ist. Hier oben verbrachten die Wiltener Stiftsherren ihre Sommerferien.

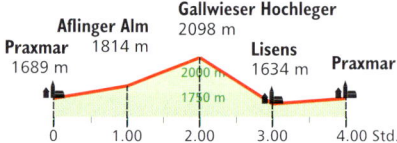

Ausgangspunkt: Praxmar, 1689 m, Bauern- und Fremdenverkehrssiedlung im mittleren Lisenstal, am westl. Talhang; Parkplatz (gebührenpflichtig).

Höhenunterschied: Ca. 400 m.
Anforderungen: Mark. und beschilderte Almsteige.
Einkehr: In Praxmar und Lisens.

Von **Praxmar** auf dem Fahrweg unmittelbar ostwärts auf den flachen, sumpfigen Talboden hinab, über den Bach (Brücke) und kurz auf der Talstraße Richtung Lisens (südwärts), bis nach links der Almsteig (Ww. Schönlisens/Roter Kogel) abzweigt. Man folgt ihm, an der Gallwieser und der **Aflinger Alm** vorbei, zu dem über der Waldgrenze gelegenen **Gallwieser**

Lisens.

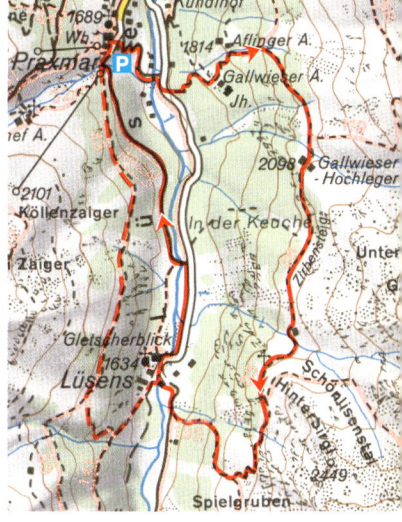

Pferdeweide bei Praxmar.

Hochleger. (Von hier in weiteren 2 Std. auf markiertem Steig zum Roten Kogel.) Nun südwärts eben hinein ins **Schönlisenstal** zur gleichnamigen Alm; über der Waldgrenze talein, bis man auf den vom Horntaler Joch kommenden Weg trifft. Auf ihm hinunter nach **Lisens**.
Der kürzere »Untere Weg« folgt zunächst ein Stück der Talstraße; er biegt am Ende der großen Wiesenfläche nach links über den Bach. Von hier in gleichmäßiger Steigung nach **Praxmar** hinauf.
Die Variante »Oberer Weg« macht einen Umweg in Richtung Westfalenhaus, ist aber aussichtsreicher. Man folgt dem breiten Weg dorthin am westlichen Talhang; die Abzweigung nach Praxmar ist gut beschildert und nicht zu verfehlen.

Fels- und Eislandschaft der Stubaier Alpen

Den Talschluss von Lisens beherrschen der (allerdings stark zurückgewiche-
ne) Lisenser Ferner und der Fernerkogel, die mächtige Pyramide, die jäh über
dem flachen Boden südlich von Lisens aufragt.

Ausgangspunkt: Lisens, 1634 m, Parkplatz (gebührenpflichtig).
Höhenunterschied: 639 m.

Anforderungen: Gut mark. und beschilderte Steige.
Einkehr: In Lisens; Westfalenhaus (DAV).

Der **Sommerweg** zum Westfalenhaus führt ab der kleinen Häusergruppe
von **Lisens** am westlichen Bachufer nach Süden und gleich am Hang empor; man wählt also nicht den Weg, der weiter in den flachen Talhintergrund
hineinführt (Winterweg, Hinweistafeln). Der Weg steigt allmählich, am Ausgang des kleinen Schöntals vorbei, an der Lehne der Schöntalwände ent-

Lisens mit Fernerboden und Fernerkogel.

lang und wendet sich an der Waldgrenze, halben Wegs von Lisens, nach Westen ins Längental, durch dessen steile, zerfurchte, von Schafen beweidete Hänge man das schon von weitem sichtbare **Westfalenhaus** erreicht. Die Hütte, in den Siebzigerjahren in geglückter Weise erneuert, passt gut in die Moränen-, Fels- und Weidelandschaft des inneren Längentals.

Wer noch nicht müde ist, geht ein Stück auf dem Dr.-Siemons-Weg von der Hütte fast eben nach Süden gegen die mächtigen Moränen des zurückgegangenen Längentaler Ferners.

Der **Untere Weg** (Sommerweg) führt von der Hütte weg gleich nach rechts über die steilen Hänge hinunter auf den flachen Boden der **Längentaler Alm**, 1989 m, von der man über die nächste Steilstufe nahe dem (von der Überleitung zum Finstertaler Stausee angezapften) Wildbach auf den weiten ebenen **Fernerboden**, den innersten Talgrund des Lisenstals, gelangt.

Über diesen talaus wieder nach **Lisens**.

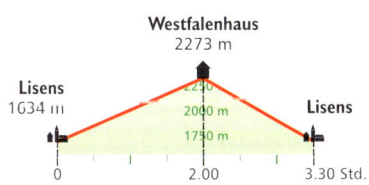

81

30 Potsdamer Hütte, 2009 m

5.00 Std.

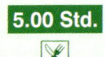

Im grünen Fotscher Tal

Den Reiz dieser Tour macht der Hintergrund des harmlosen Hüttenanstiegs aus. Im Süden bauen sich Gipfel über 3000 m wie die Villerspitze auf, geziert mit dem kleinen Fotscher Ferner, Vorboten des Hochstubais.

Talort: Sellrain, 938 m.
Ausgangspunkt: Ghf. Bergheim in der Fotsch, 1464 m; Zufahrt von Sellrain auf schmaler Schotterstraße; Parkmöglichkeit.
Höhenunterschied: 545 m.
Anforderungen: Gut mark. Waldwege und Steige. Für Rückweg über Furggesalm Trittsicherheit nötig (Stahlseil).
Einkehr: Ghf. Bergheim; Potsdamer Hütte; Furggesalm (bescheidene Almwirtschaft).
Sehenswert: Die Zirben an der Waldgrenze; die felsige und vergletscherte Nordflanke der Hohen Villerspitze im Talhintergrund.

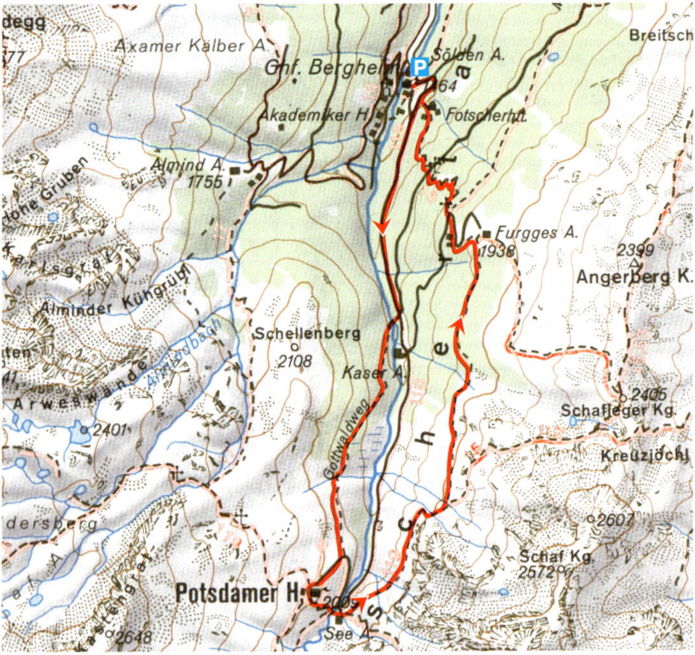

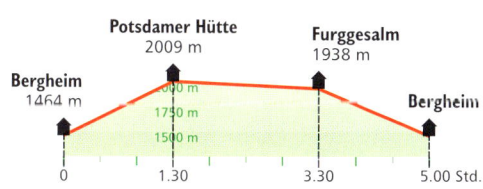

Die Potsdamer Hütte.

Vom **Bergheim** folgt man zunächst dem markierten Weg (Nr. 118), der an der östlichen Talseite über dem Bach einwärts führt. Der so genannte **Sommerweg** (oder Gottwaldweg) quert bei der Kaseralm nach Westen über den Bach und führt nun stetig ansteigend am westlichen Talhang zur **Potsdamer Hütte** empor.

Der Rückweg über die Furggesalm erfordert an einer felsigen Stelle Trittsicherheit, die aber ein Seil entschärft (Wer diese Stelle vermeiden will, benützt den Aufstiegsweg zur Rückkehr). Man steigt von der Hütte kurz ostwärts zur **Seealm** am Bach ab. Der Weiterweg führt nun in etwa gleich bleibender Höhe anfangs durch freies Gelände, später durch Wald nach Norden zur **Furggesalm** (Almwirtschaft mit Jausenstation) Von hier geht es nun ziemlich steil durch Wald hinunter zum **Bergheim**.

Potsdamer Hütte
2009 m

Furggesalm
1938 m

Bergheim
1464 m

Bergheim

2000 m

1750 m

1500 m

0   1.30   3.30   5.00 Std.

83

Zirben und Almen des Fotscher Tals

Ähnlich wie das benachbarte Senderstal hat die moderne touristische Erschließung das Fotscher Tal verschont – und einmal abgesehen von den zahlreichen neuen Forst- und Almwegen, die recht brachial kreuz und quer ins Gelände gelegt wurden, ist hier die Welt noch ziemlich in Ordnung.

Talort: Sellrain, 938 m.
Ausgangspunkt: Ghf. Bergheim in der Fotsch, 1464 m (vgl. Tour 30).
Höhenunterschied: 941 m.
Anforderungen: Gut mark. Waldwege und Steige.

Einkehr: Ghf. Bergheim; Furggesalm (bescheidene Almwirtschaft).
Sehenswert: Im Frühsommer Alpenrosenpracht; vom Gipfel schöner Blick auf die Westabstürze der Kalkkögel (Riepenwand und Schlickerseespitze).

Vom Ghf. **Bergheim** in der Fotsch, beschaulich im Talgrund am Rand einer Lichtung gelegen, steigen wir am östlichen Talhang, vorbei an der privaten Fotscher Hütte, auf dem Fußweg durch Wald an, bis wir bei einem Wegkreuz auf den Fahrweg zur **Furggesalm** stoßen. Wir folgen ihm ein Stück zur Unteren Alm und kürzen die letzte Kehre zur Oberen Alm über die Wiese

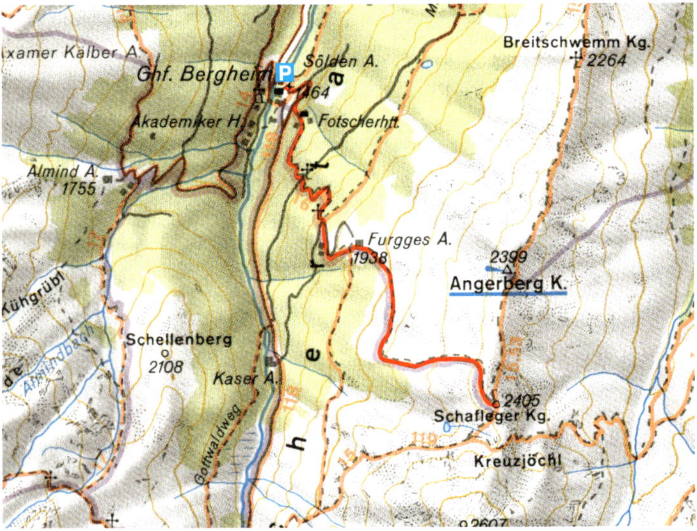

Wanderer im Anstieg zum Schafleger.

ab. Von dort leitet der Steig in östlicher und südöstlicher Richtung über die freien Hänge, vorbei an großen Urgesteinsblöcken, einzelnstehenden Zirben und durch Alpen-rosenstauden, auf die flache Kuppe des **Schaflegers**. Teilweise ist der Steig etwas undeutlich; in dem freien Gelände ist ein Verirren aber kaum möglich. Abstieg auf demselben Weg.

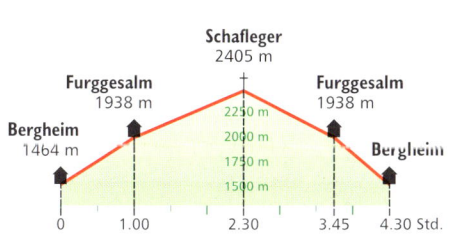

Schafleger
2405 m

Furggesalm
1938 m

Furggesalm
1938 m

2250 m

2000 m

Bergheim
1464 m

1750 m

1500 m

Bergheim

0   1.00   2.30   3.45   4.30 Std.

32 Salfeins, 2000 m

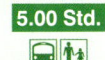

5.00 Std.

Grasberg zwischen Fotsch und Senderstal

Den Salfeins (auch Salfains) besteigt man wegen der Aussicht auf die nördlich gelegenen Gebirgsketten von Wetterstein und Karwendel. Deren leuchtender Kalk kontrastiert zu den sanften grünen Formen dieses Rückens.

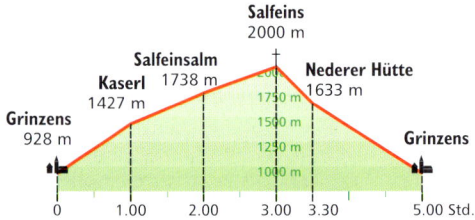

Talort: Grinzens, 928 m.
Ausgangspunkt: Abzweig des Fahrwegs ins Senderstal in Obergrinzens am Ortseingang (Ww.); Parkmöglichkeit.
Höhenunterschied: Ca. 1000 m.

Anforderungen: Gute, mark. Wege und Steige.
Einkehr: Keine.
Sehenswert: Rundblick auf Karwendel, Wetterstein (Norden) und die Kalkkögel.

Senderstal gegen Norden, im Hintergrund das Wettersteingebirge.

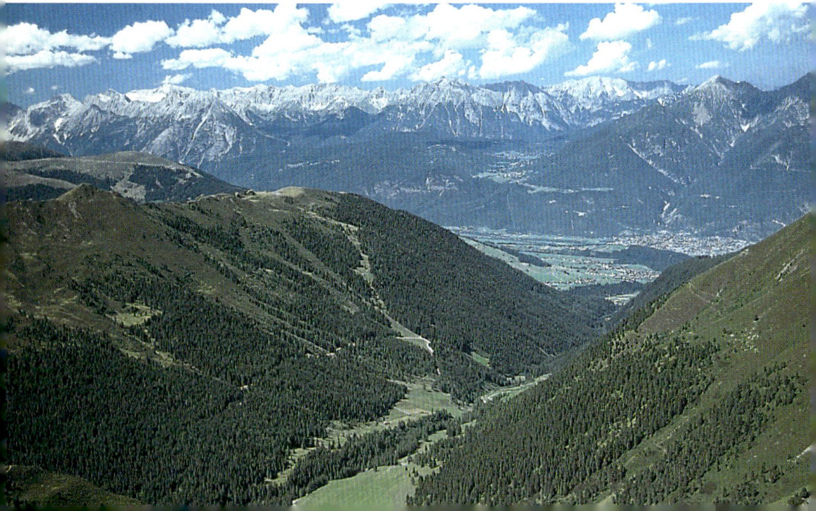

Die Adolf-Pichler-Hütte gegen den Salfeinskamm.

Von der Abzweigung in **Obergrinzens** auf der anfangs asphaltierten, steilen Straße, aus der bald ein geschotterter Fahrweg wird, ins dicht bewaldete **Senderstal**. Der Weg führt in gleich bleibender Steigung neben dem Wildbach talein. Nach etwa 1 Std. gelangt man auf die erste Lichtung, die Mähder von **Kaserl** und **Kälberstall**. Hier verlässt man den Talweg nach rechts, überquert den Bach (Ww.) und steigt auf schwachem Fußsteig (markiert), stets etwas talaus (rechts, nordwärts) haltend hinauf zu der kleinen, abgeschiedenen **Salfeinsalm**. Hier lichtet sich bereits der Wald, und in weniger als 1 Std. erreichen wir die flache, grasige Höhe des **Salfeins** mit einem kleinen See unterhalb des höchsten Punkts.

Der Abstieg erfolgt auf einem schmalen, aber gut kenntlichen und markierten Waldsteig. Wir gehen nordwärts bis zum Kreuz auf dem letzten freien Eck, bevor wir in den Wald eintreten. Nun relativ steil durch den Wald stets nordwärts hinunter, vorbei an der **Nederer Hütte** nach **Obergrinzens**. Bei den ersten Häusern auf einer Siedlungsstraße nach rechts auf den Senderstaler Fahrweg und hinunter zum Ausgangspunkt.

33 Sendersjöchl, 2477 m, und Seejöchl, 2518 m

5.15 Std.

Grüne Almböden unter schroffen Felszinnen

Franz Senn, Kurat in Vent und Pfarrer in Neustift, gründete im 19. Jahrhundert mit anderen den Alpenverein. Nach ihm ist der Weg benannt, von dem wir einen Teil auf dieser Wanderung begehen.

Talort: Grinzens, 928 m.
Ausgangspunkt: Kemater Alm, 1673 m, Alm- und Gastwirtschaft im hintersten Senderstal, Schotterstraße von Grinzens (Gebühr bei Automat am Straßenbeginn zu entrichten); zu Fuß 3 Std.
Höhenunterschied: 877 m.
Anforderungen: Gute, mark. Wege und Steige.
Einkehr: Kemater Alm, Adolf-Pichler-Hütte.
Sehenswert: Die eindrucksvollen Nordwestabstürze der Kalkkögel über steilen Schuttkaren und idyllischen Almböden.

Von der **Kemater Alm** steigt man auf breitem, bequemem Weg zu der bald sichtbaren **Adolf-Pichler-Hütte** an, die nach einem Tiroler Geologen und Schriftsteller des 19. Jh.

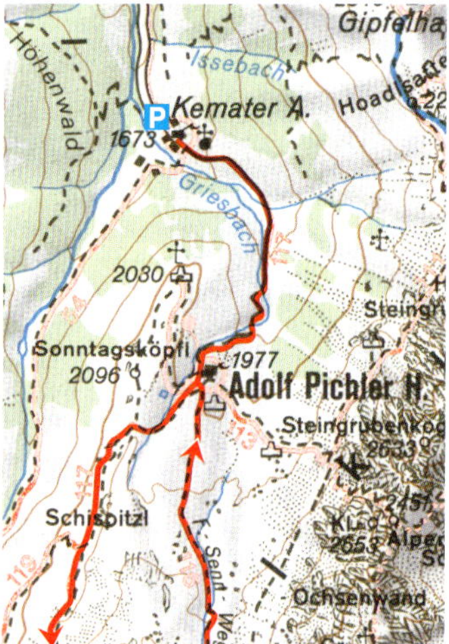
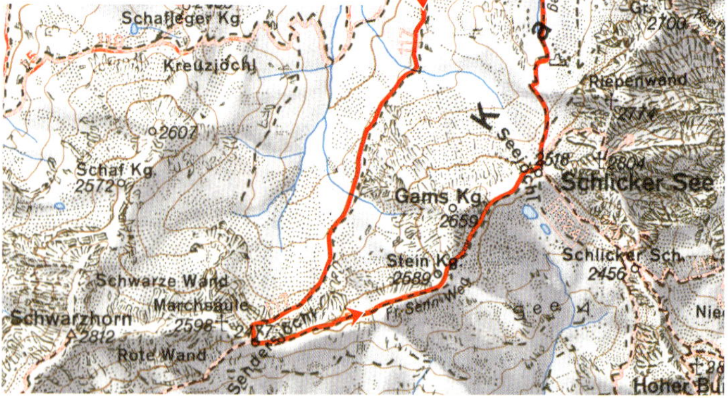

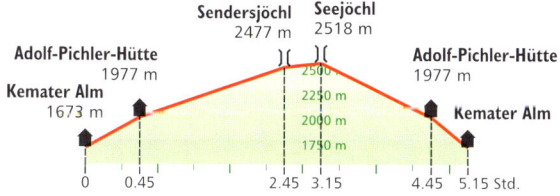

Blick auf Riepenwand und Schlicker Seespitze von Nordwesten.

benannt ist. Von der Hütte hat man einen guten Überblick über die als Klettergebiet berühmten und berüchtigten Kalkkögel, deren Kette sich, von hier gesehen, etwa gleich weit nach Nordosten einerseits und Süd und Südwest andererseits erstreckt. Hinter der Hütte hält man sich an der Wegteilung rechts und folgt dem Weg Nr. 117 in Richtung Sendersjöchl. Bald überschreiten wir den flachen, blockigen Kamm nach Westen und gelangen über dem hintersten Senderstal auf das **Sendersjöchl**, wo sich der Blick ins Oberbergtal und auf die Gletscherwelt des Hochstubais weitet. Auf dem **Franz-Senn-Weg** (Höhenweg), der die gleichnamige Hütte mit der Adolf-Pichler-Hütte verbindet, wandern wir nun nach Osten und Nordosten, zunächst auf der Kammhöhe, dann südlich an den Gipfeln von Steinkogel und Gamskogel vorbei, die von hier aus unschwierig erstiegen werden können. Zuletzt fallend am obersten Rand der Schlicker Grube mit den zwei idyllischen Seen in das **Seejöchl**, wo Kalk und Urgestein aufeinanderstoßen. Der Abstieg zurück zur **Adolf-Pichler-Hütte** erfolgt auf gutem Steig über die weiten Almböden nach Norden.

89

34 Kleine und Große Ochsenwand, 2700 m

5.15 Std.

Im Herzen der Dolomiten von Nordtirol

Die Kalkkögel waren einst Spielwiese der Innsbrucker Kletterer, als man noch nicht »übers Wochenende« wegfahren konnte. Heute sind sie als brüchig verschrien, und in den Wänden um die Pichler-Hütte ist es ruhig geworden.

Talort: Grinzens, 928 m.
Ausgangspunkt: Kemater Alm, 1673 m (vgl. Tour 33).
Höhenunterschied: 1027 m.
Anforderungen: Anstieg zur Alpenklubscharte z. T. abschüssig und schottrig, Steinschlaggefahr; Große Ochsenwand

über Klettersteig (Bergerfahrung!).
Einkehr: Kemater Alm, Adolf-Pichler-Hütte.
Sehenswert: Die bizarre Felsenwelt der Kalkkögel voller Türme, Zinnen und schroffer Wände, die man vom Gipfel der Großen Ochsenwand überblickt.

Von der **Kemater Alm** auf die Geländestufe mit der **Adolf-Pichler-Hütte**. An der Abzweigung hinter der Hütte hält man sich links (Ww.) und folgt dem Weg über buckliges, von Felsblöcken übersätes Weideland gegen die Schuttströme, die von den Felsen herabziehen. Etwa dort, wo man auf den ersten Schuttstrom trifft, teilt sich der Weg.

Man wendet sich rechts (Ww.) und steigt, teilweise etwas mühsam, in vielen Kehren durch das steile Schuttkar (Vorsicht wegen Steinschlag, Rücksicht auf nachfolgende Partien!) in die **Alpenklub(AK)-Scharte**, wo sich der Blick nach Süden weitet. Der Weg zur **Kleinen Ochsenwand** führt durch deren Südostflanke kurz empor auf den mit einem Kreuz geschmückten Gipfel.

Der Klettersteig aus der Scharte zwischen den Gipfeln über den Nordgrat zum Vor- und

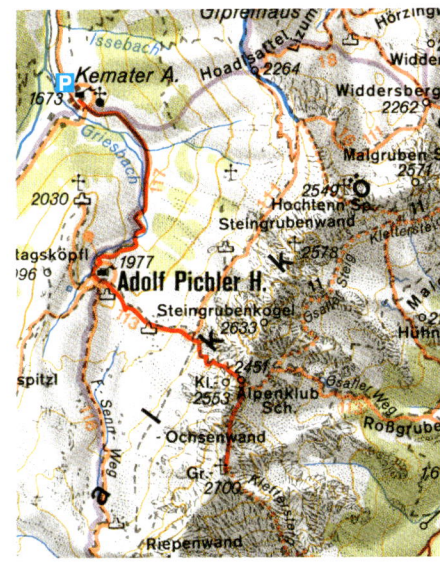

Adolf-Pichler-Hütte gegen die mittleren Kalkkögel.

Hauptgipfel der **Großen Ochsenwand** ist ausgiebig mit Farbe markiert und kaum zu verfehlen.

Da die Klammern und Stahlseile neu montiert sind, wird man sich ihnen ohne größeres Risiko anvertrauen können. Vorsicht ist trotzdem jederzeit geboten.

Der Abstieg erfolgt auf demselben Weg.

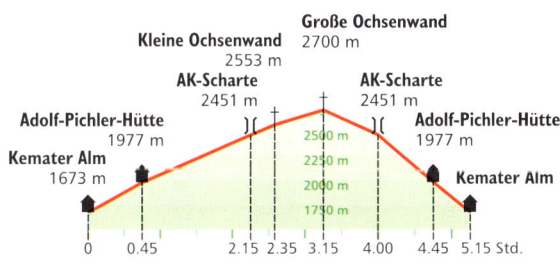

Beschauliche Mittelgebirgswanderung

Diese abwechslungsreiche Wanderung, die man aufgrund des dichten Wegenetzes (überall gut beschildert) beliebig weit ausbauen kann, bewegt sich auf schönen Wald- und Wiesenwegen in unmittelbarer Nähe der Stadt Innsbruck.

Talort: Innsbruck, 574 m.

Ausgangspunkt: Mentlberg, 622 m, Siedlung am südwestl. Stadtrand, Buslinie C (Richtung »Mentlberg«, Endstation Ghf. Peterbrünnl), Parkmöglichkeit.

Höhenunterschied: Ca. 300 m.

Anforderungen: Bequeme Wanderung auf breiten, gut mark. Wegen.

Einkehr: Peterbrünnl; Ghf. zur Eiche; während der Badesaison am Natterer See; Nattererboden.

Sehenswert: Schloss Mentlberg, historischer Bau von 1890, Filialkirche zur Schmerzhaften Muttergottes (1770).

Vom **Ghf. Peterbrünnl** (gut sichtbar an der Südwestausfahrt von Innsbruck nach Völs-Kematen) geht man ein kurzes Stück auf der Straße gegen

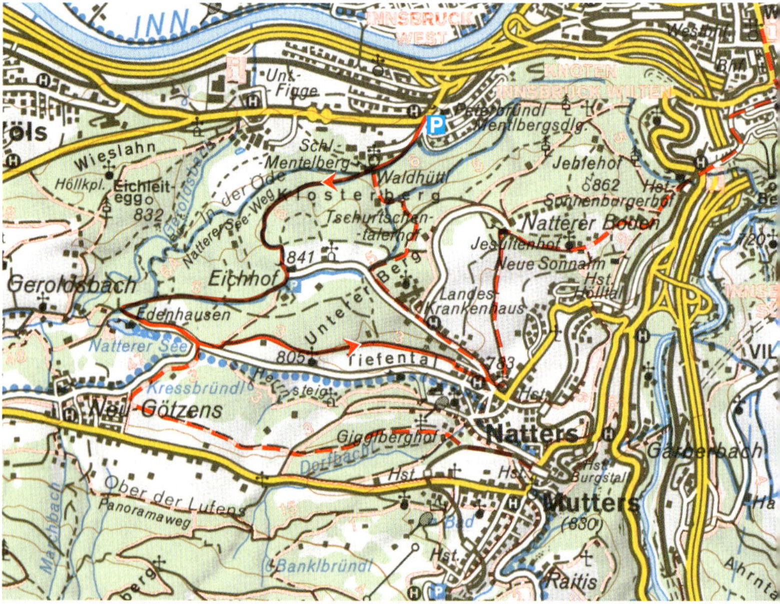

Herbststimmung auf der Eichhofwiese.

Schloss Mentlberg, verlässt diese alsbald nach links auf dem mit Nr. 6 markierten Weg, der oberhalb des Schlosses in den Wald emporführt. Hier verzweigt er sich abermals, der Weg Nr. 6A biegt nach rechts ab; auf ihm gelangt man direkt zum Natterer See.
Wir nehmen den linken Weg (Nr. 6), der im Bogen um einen Waldrücken auf die Höhe des Mittelgebirges hinaufleitet, wo an der Geländekante mit schöner Aussicht der **Ghf. zur Eiche** (Eichhof) steht. Von hier südlich in den Wald hinein und westwärts auf nettem Waldweg über den Rücken zum **Natterer See**, einem beliebten Badesee der Innsbrucker. Vom See kurz auf der Straße nach Osten ins Tiefe Tal, bis sie sich verzweigt. Hier geht es am Südrand des lauschigen Wiesentals nach **Natters** (Stubaitalbahn hinab nach Innsbruck).
Als Varianten vom See kommen in Frage: 1. Auf der schmalen Fahrstraße kurz nach Süden hinauf nach Neugötzens und von dort der Bez. »3« folgend nach Mutters oder Natters (Stubaitalbahn). 2. Zu Fuß zurück nach Mentlberg bringt der Fahrweg Richtung Eichhof bis zur Eichhofwiese und dann der Weg Nr. 5. 3. Über das Landeskrankenhaus zum Natterer Boden, über den Sonnenburger Hof und hinunter nach Wilten (Endstation Straßenbahnlinie 1).

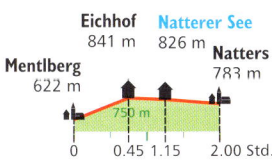

Reizvoller Blick über das Inntal

Beschaulich durch Wald und über Wiesen verläuft diese Wanderung am Hang über dem südwestlichen Mittelgebirge. Die schönste Aussicht bietet sicher der Adelshof, auf freier Wiesenschulter vor den Kalkkögeln gelegen.

Talort: Götzens, 868 m.
Ausgangspunkt: Südl. Ortsrand von Götzens; im Dorf beschränkte Parkmöglichkeit, besser oberhalb am Waldrand.
Höhenunterschied: Ca. 650 m.
Anforderungen: Gut markierte und beschilderte Wanderwege.
Einkehr: Götzner Alm (Jausenstation), Adelshof.

Sehenswert: Eine der schönsten Rokokokirchen im Land ist die vom Götzner Baumeister Franz Singer 1772/75 erbaute Pfarrkirche zu den Hl. Petrus und Paulus (Deckenfresken von M. Günther, 1775). In den letzten Jahren entwickelte sich um den selig gesprochenen Pfarrer Otto Neururer (gest. im Konzentrationslager Buchenwald) eine lebhafte Wallfahrt.

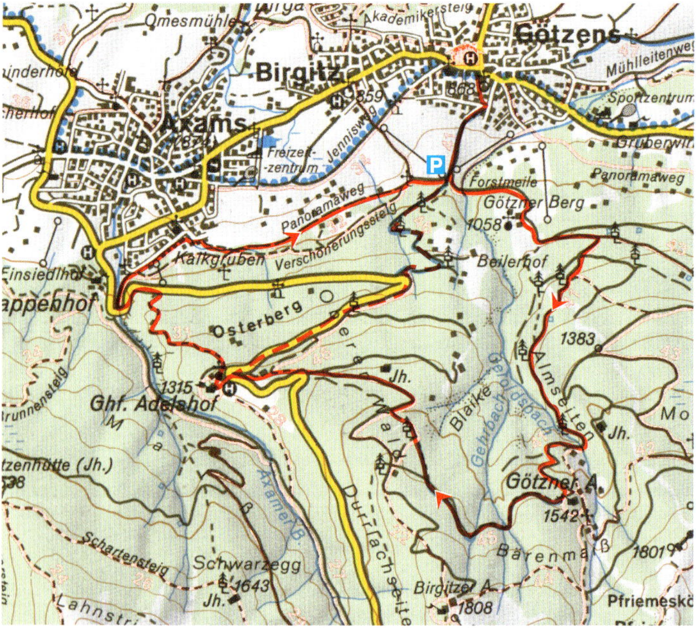

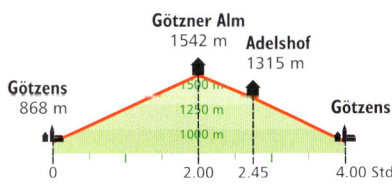

Götzens gegen die westliche Nordkette.

Von der Pfarrkirche in **Götzens** an der Friedhofsmauer vorbei, südwärts aus dem Dorf zur Schutzmauer und zur Johanniskapelle. Man folgt dem Fahrweg zu den Höfen am **Götzner Berg** und links des Bachs, später diesen überschreitend hinauf zur **Götzner Alm**. Der markierte Steig quert nun zunächst leicht ansteigend die Gräben des Gehrbachs.

Dann wendet man sich abwärts über den Rücken des »Oberen Walds« und nach Westen hinaus, wo man auf eine Kehre der Olympiastraße (in die Axamer Lizum) kurz oberhalb der Adelshofwiese trifft. Der Straße entlang in wenigen Minuten zu der schön gelegenen, traditionsreichen Gastwirtschaft **Adelshof**.

Zurück führt dann der Waldweg nach Nordwesten Richtung **Axams**. Am Oberrand des Dorfes schwenkt man rechts (Nordosten) und geht auf dem Panoramaweg (oder dem Verschönerungssteig) zurück nach **Götzens**.

Alternativ bietet sich erstens am oberen Ortsrand der (kürzere) Abstieg nach Axams nordwärts an. Zweitens kann man vom Gasthaus auf der Fahrstraße (Nordosten) bis zur ersten Kehre unterhalb des Adelshofs; von dort auf markiertem Weg (Nr. 46) hinab nach Götzens.

Götzner Alm
1542 m
Adelshof
1315 m
Götzens
868 m
Götzens
1500 m
1250 m
1000 m
0   2.00 2.45   4.00 Std.

Die Zinnen und Türme der nördlichen Kalkkögel

Den Kalkkögeln, in den Touren 33 und 34 an ihrer Westseite begangen, rücken wir nun von Norden zu Leibe; auch hier ragen die schroffen Türme und Zinnen unvermittelt aus den grünen Matten oder den charakteristischen weißen Schuttreißen empor. Die Hochtennspitze ist für etwas geübte Geher leicht ersteigbar, am Weg zum Gipfel sind einige abschüssige, schotterige Stellen zu überwinden.

Talort: Axams, 874 m.
Ausgangspunkt: Hoadl, 2340 m, Bergstation der Standseilbahn von der Axamer Lizum, Parkplatz an der Talstation.
Höhenunterschied: Abstieg 1600 m.
Anforderungen: Gut mark. Steige; für

Hochtennspitze alpine Erfahrung nötig.
Einkehr: Hoadl-Gipfelrestaurant; in der Axamer Lizum.
Sehenswert: Die wild zerrissenen felsigen Kalkkögel im Kontrast zu den sanfteren grünen Formen der Sellrainer Berge.

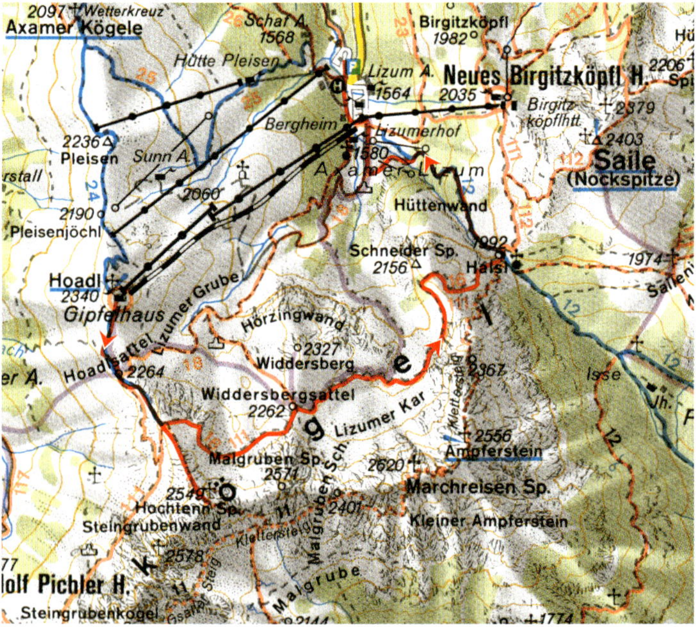

Blick auf Marchreisen- und Malgrubenspitze.

Vom **Hoadl** steigt man kurz südwärts ab auf den grünen **Hoadlsattel**, 2264 m, von wo der Steig zum Hochtennboden nach links über den grünen Rücken aufwärts führt (rechts zur Adolf-Pichler-Hütte). Der **Hochtennboden** ist eine weite Wiesenfläche, die nach allen Seiten steil abfällt. Man folgt dem im Bereich des Bodens undeutlichen Steig südwärts über den Rücken, umgeht einige Felszacken und Türme auf der rechten (westlichen) Seite und gelangt zu dem stumpfen schuttbedeckten Gipfel der **Hochtennspitze**. Auf demselben Weg zurück auf den **Hochtennboden**. Von hier leitet der markierte Weg Nr. 111 nach Osten stets im Auf und Ab über weite grüne Böden und durch Kare, nördlich vorbei an den wilden Abstürzen der Malgruben- und Marchreisen-
spitze, über den **Widders-
bergsattel** auf das **Halsl**,
1992 m, einem schon in alter Zeit begangenen Sattel.
Von hier nach Nordwesten
durch den Graben zurück
in die **Axamer Lizum** absteigen.

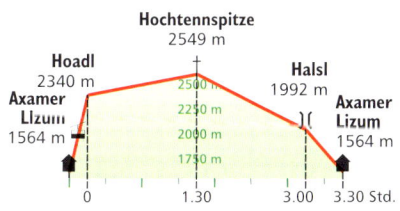

97

Der nordöstliche Eckpunkt der Stubaier Alpen

Der eine Name des markanten Aussichtsgipfels über Innsbruck soll von einem Wort für »Hügelwelle« (Nock), der andere für »Lache, kleiner See« (Saile, eigentlich »Soale«) herkommen. Bei einem so schönen Berg wollen wir beides gar nicht glauben.

Talorte: Mutters, 830 m, oder Axams.
Ausgangspunkte: Mutterer Alm, 1608 m, Seilbahnbergstation; oder Axamer Lizum, Lift auf das Birgitzköpfl.
Höhenunterschied: 1573 m.
Anforderungen: Gut mark. und beschilderte Steige, gutes Schuhwerk erforderlich; für den Abstieg über Pfriemeswand Bergerfahrung nötig.

Einkehr: Nockhof, Mutterer Alm, Birgitzköpflhaus.
Sehenswert: Vom Gipfel schöne Rundsicht über Karwendel, Wetterstein, Stubaier und Zillertaler Alpen.
Anmerkung: Seilbahn zur Mutterer Alm, 1608 m.
Variante: Lift Axamer Lizum – Birgitzköpfl.

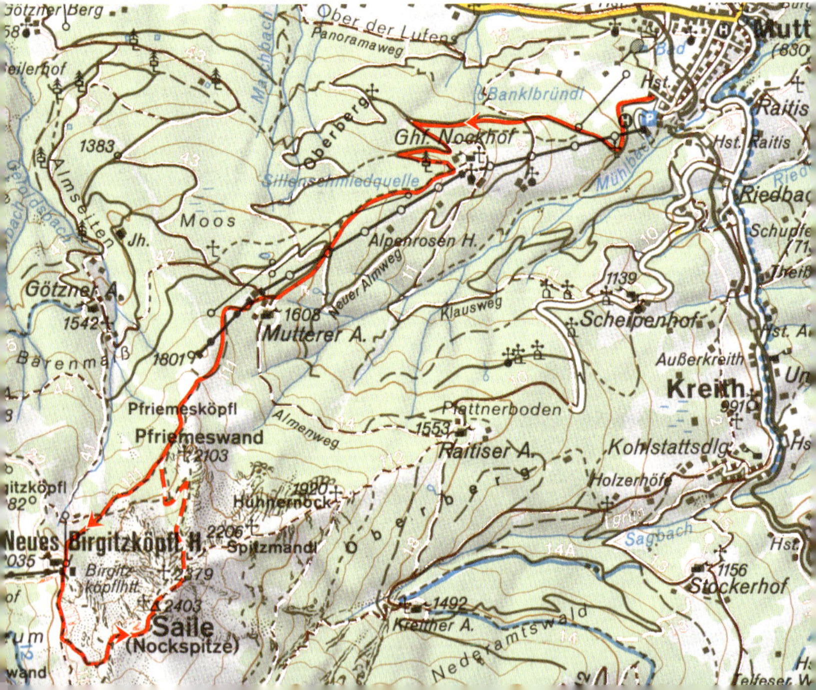

Der Gipfel der Saile (Nockspitze).

Mit der Seilbahn oder zu Fuß über Wiesen und durch Wald, vorbei am Ghs. Nockhof, zur **Mutterer Alm**; von der Alm kurz südwestwärts auf den grasigen Kopf des **Pfriemesköpfls** empor. Der mit Nr. 111 markierte Weg führt weiter nahe unter der schroffen Felsschulter der Pfriemeswand, stets leicht ansteigend, über teils mit Latschen bewachsene Hänge nach Südwesten zum **Birgitzköpflhaus**. In leichter Steigung unter den Schutt- und Schrofenhängen der Saile und vorbei an imposanten Lawinenverbauungen zur Wegverzweigung, bei der man sich links hält (rechts der Weg zum Halsl, 1992 m). Über den breiten freien Rücken hinauf zum aussichtsreichen Gipfel der **Saile**, einer lang gestreckten und an einigen Stellen steil abbrechenden Graskuppe. Abstieg auf demselben Weg. Für Geübte lohnt sich als Variante der Abstieg vom Gipfel nach Norden auf dem z. T. schotterig abschussigen Steig über die Pfriemeswand zurück auf den Weg Nr. 111.

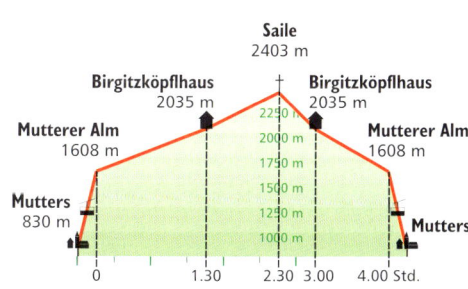

99

Abwechslungsreiche Mittelgebirgswanderung

Im Süden Innsbrucks hat sich die aus dem Wipptal kommende Sill dort, wo sie ins Inntal mündet, tief eingegraben. Gleich nebenan, von der bekannten Sprungschanze gekrönt, erhebt sich der archäologisch und historisch interessante Bergisel.

Talort: Innsbruck, 574 m.
Ausgangspunkt: Wilten, 594 m, Endstation der Straßenbahnlinie 1.
Höhenunterschied: Gesamt ca. 600 m.
Anforderungen: Bequeme, gut markierte Wanderwege.
Einkehr: Bretterkeller; Ghf. in Aldrans; im Schloss Ambras.
Sehenswert: Schloss Ambras, im Mittelalter Burg der Grafen von Andechs; 1564–67 von Erzherzog Ferdinand II. für seine bürgerliche Gemahlin Philippine Welser zum prächtigen Renaissanceschloss ausgebaut. Heute Museum mit

Lanser Köpfe 930 m — Aldrans 760 m — Schloss Ambras 654 m — Wilten 594 m — Wilten — 750 m

| 0 | 1.00 | 2.00 | 2.30 | 3.00 Std. |

interessanter historischer Sammlung (»Kunst- und Wunderkammer«). Das Schloss ist von einem weitläufigen Park umgeben.
Variante: Igler Bahn (Straßenbahnlinie 6) für den Hin- oder Rückweg.

Wilten vom Bergisel gegen die Nordkette.

Vom **Stift Wilten** (Endstation der Linie 1) geht man an der Straße kurz nach Südosten zur Sill, die hier in einer Schlucht tost, überwindet die Innsbruck im Süden umfahrende Inntalautobahn auf einer Fußgängerbrücke, steigt auf der ehemaligen Igler Straße kurz hinauf zum **Ghf. Bretterkeller**, überquert oberhalb die neue Igler Straße und folgt nun einem der vielen einander häufig kreuzenden Waldwege in ungefähr südöstlicher Richtung hinauf auf den höheren der zwei Lanser Köpfe, waldigen Erhebungen zwischen Inntal und südlichem Mittelgebirge. Vom **Lanser Kopf** steigt man nach Süden kurz hinunter gegen den **Lanser See**, einem beliebten Badesee der Innsbru-

Am Mittelgebirge bei Vill, Blick gegen Nordosten.

cker. Man biegt noch vor dem See nach Osten und gelangt an dem kleinen **Lanser Moor**, einem durch Torfgewinnung entstandenen Teich, vorbei zum hübsch in den Wiesen unterhalb von Lans gelegenen kleinen **Mühlsee** und weiter durch ein Wiesental absteigend stets in gleicher Richtung zum Dorf **Aldrans**. Von dort kurz über die Wiesen zum Schlosspark und zu **Schloss Ambras** hinab. Von hier steil hinunter nach **Amras** (jetzt ein Orts-teil von Innsbruck, Endstation Linie 3). Von dort durch die Wiesengasse westwärts nach **Wilten** zurück.

40 Von Sistrans nach Rinn

3.15 Std.

Über die Dörfer

Berühmt ist Judenstein für den Kult des »Anderl von Rinn«, basierend auf einer antisemitischen, heute verbotenen Ritualmord-Legende. Der mächtige Stein im Kircheninnern deutet auf ein vorchristliches Heiligtum hin.

Ausgangspunkt: Sistrans, 919 m, Parkmöglichkeit westlich der Kirche am Ortsrand.
Höhenunterschied: Gesamt ca. 200 m.
Anforderungen: Ebene Spazierwege, dichtes, gut beschildertes Wegenetz.
Einkehr: Gaststätten in den Ortschaften, die die Wanderung berührt; Ghs. Geisler in Judenstein; Wiesenhof.
Sehenswert: Die Kirchen von Judenstein, Rinn und Sistrans (vgl. Abschnitt »Talorte«).
Variante: Wege beliebig abkürzbar oder erweiterbar.

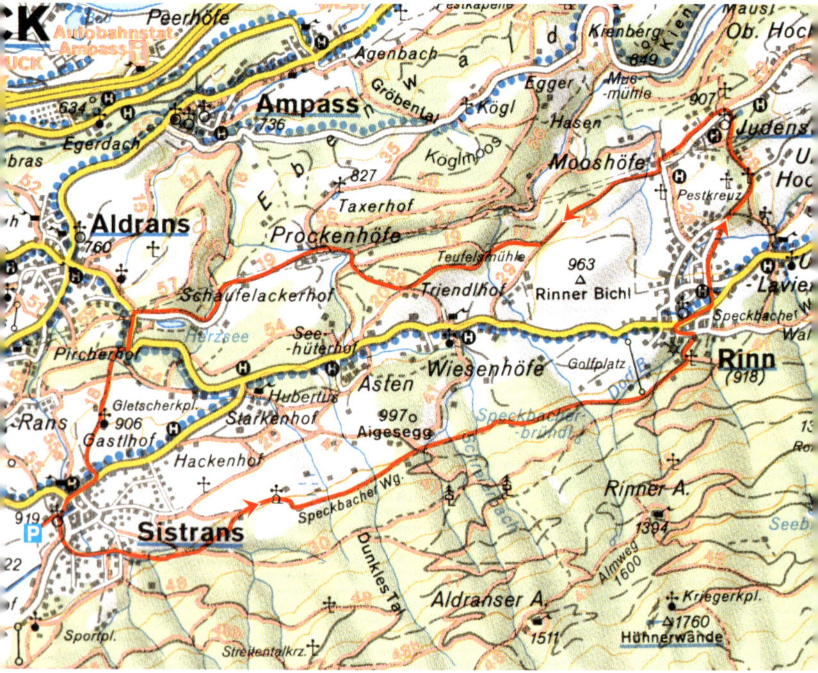

Die Kirche von Judenstein.

Wir gehen von der Kirche in **Sistrans** links haltend durch das Dorf aufwärts (»Almweg«); beim Ww. »Waldweg Rinn« links und eben ostwärts aus dem Dorf. Der **Speckbacherweg** zieht in etwa gleich bleibender Höhe oberhalb der Wiesen, teilweise im Wald, ostwärts bis **Rinn**. Wir wenden uns nach Norden, steigen kurz ab zur Pfarrkirche, durchqueren das Dorf Rinn und wandern auf der schmalen Fahrstraße über die Wiesen zum nahe gelegenen Weiler **Judenstein** mit seiner schmuck auf grüner Wiese gelegenen Wallfahrtskirche. Von Judenstein führt der mit Nr. 29 markierte Weg durch die Felder in Richtung auf den **Wiesenhof**, einen beliebten Ausflugsgasthof. Kurz vorher biegen wir beim Ww. nach rechts und gelangen durch Wald auf abwechslungsreichem Weg vorbei an der Teufelsmühle zu den **Prockenhöfen** und zum **Herzsee** (Fischzucht, Jausenstation). Westlich des Sees kurz auf der Straße nach Süden, bei der ersten Kehre ab und auf dem Weg Nr. 18 hinauf nach **Sistrans**.

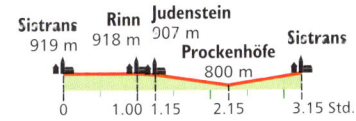

103

Über die Almen

Diese Wanderung, die sich teilweise mit dem so genannten »Almweg 1600« deckt, ist hier im Aufstieg beschrieben; weniger Anstrengung bedeutet die Tour in umgekehrter Richtung. Sie lohnt sich dabei nicht weniger – und man muss sich nicht um die letzte Talfahrt der Patscherkofelbahn bekümmern.

Ausgangspunkt: Rinn, 918 m. Parkplatz zwischen Feuerwehrhaus und Ghs. Arche.
Höhenunterschied: Ca. 1100 m.
Anforderungen: Gut markierte Almwege, Ausdauer erforderlich.

Einkehr: Gastwirtschaften in allen Almen, die der Weg berührt.
Sehenswert: In der Nähe der Bergstation der Bahn Außenstelle des Innsbrucker Botanischen Gartens, der »Alpengarten« (Juni–Sept. 9–17 Uhr, Eintritt frei).

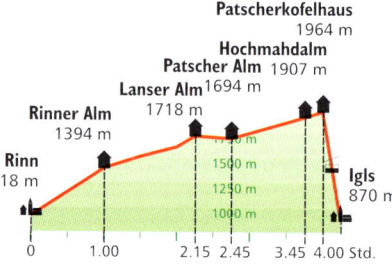

Vom **Ghs. Arche** in **Rinn** hinauf an den südlichen Ortsrand (hier kreuzt man den Speckbacherweg); kurz oberhalb des Orts im Wald bei einem Wegkreuz auf den Abzweig zur **Rinner Alm** und der Bez. 45 folgend in großen Kehren zur Alm, 1394 m. Der Weg steigt von hier nur noch unwesentlich an und

Das Patscherkofelhaus.

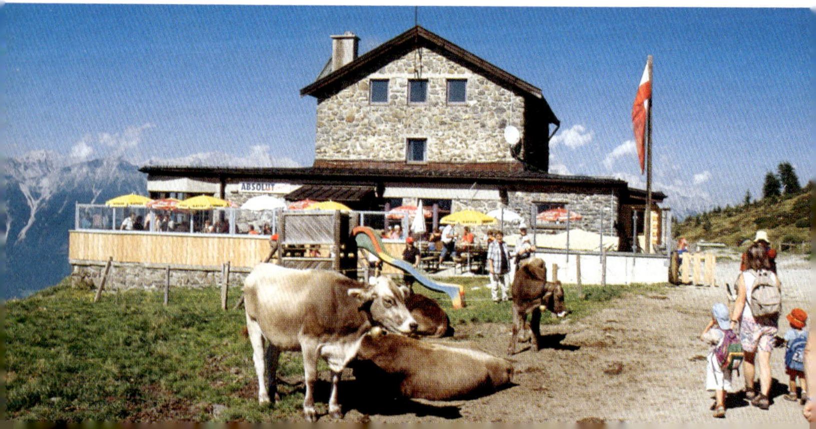

führt am Waldhang hinaus nach Westen über die Aldranser und Sistranser zur **Lanser Alm**, 1720 m (Bez. 46; von hier kann man in ½ Std. direkt zur Patscherkofel-Bergstation ansteigen). Wir folgen dem **Bärensteinsteig** zur **Patscher Alm**, 1694 m, und im Weiteren etwas steiler, aber auf breitem Almweg hinauf zur **Hochmahdalm**, 1907 m; dann eben zum **Patscherkofelhaus** mit der Seilbahnstation.

Für den Abstieg benützen wir die Seilbahn nach Igls. Von der Talstation zurück nach Rinn gibt es eine gute Postautoverbindung.

4.00 Std.

Zu einem magischen Platz

Wie von Riesenhand aufgerichtet steht der Geschriebene Stein, ein knapp 10 m hoher Fels, auf weiter Schwemmfläche im hintersten Viggartal. Er weist vielfältige Beschriftungen auf, von denen manche angeblich aus frühgeschichtlicher Zeit stammen.

Talort: Igls, 870 m.
Ausgangspunkt: Bergstation, 1964 m, der Patscherkofelbahn (Seilbahn von Igls); Parkplatz an der Talstation.
Höhenunterschied: Aufstieg 600 m.
Anforderungen: Gut markierte Steige.

Einkehr: Patscherkofelhaus; Seilbahn-Bergstation; Boscheben; Meißner Haus.
Variante: Ein schwacher Steig quert die freien Hänge oberhalb (nördl.) des Viggar-Oberlegers in Richtung Viggarspitze.

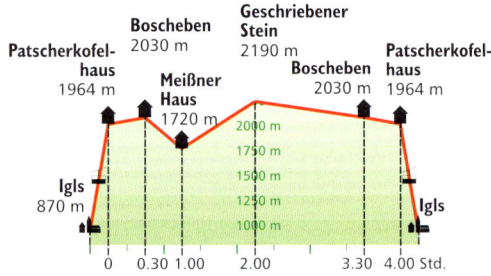

Von der **Seilbahn-Bergstation** gehen wir kurz bergwärts, dann wendet der Weg nach Boscheben sich ostwärts und führt abwechslungsreich und fast eben durch die Nordflanke des Patscherkofels hinüber nach **Boscheben**, im breiten Sattel östlich des Patscherkofels.
Hier beim Ww. rechts ab und durch die steile Südflanke hinunter zum **Meißner Haus**, idyllisch im Viggartal gelegen.
Man folgt einfach dem Weg talein zum **Viggar-Oberleger** und weiter auf dem markierten Steig zum

Boscheben.

schon weithin sichtbaren **Geschriebenen Stein**. Vom **Viggar-Oberleger** auf dem markierten Steig durch die Hänge unter der Viggarspitze hinauf, bis man auf den **Glungezerweg** trifft. Hier links (westlich) ab und hinab nach **Boscheben** und zur **Seilbahn-Bergstation**.

2.30 Std.

Hochalpiner Spaziergang von Seilbahn zu Seilbahn

Der Zirbenweg ist ein interessanter Hochlagen-Lehrpfad an der Waldgrenze mit zahlreichen instruktiven Tafeln. Der beiderseits des Wegs unberührte lichte Zirbenwald, einer der größten Bestände der Ostalpen, bietet einen reizvollen Kontrast zur Zivilisationslandschaft des Innsbrucker Beckens, das man von hier aus in seiner Gänze überblickt.

Talort: Tulfes, 923 m.
Ausgangspunkt: Bergstation der Glungezerbahn (Tulfes – Halsmarter, 1550 m – Tulfeinalm, 2035 m); Parkplatz an der Talstation.

Höhenunterschied: Gesamt ca. 150 m.
Anforderungen: Bequemer, gut markierter Gehweg.
Einkehr: Tulfeinalm; Boscheben; Berghotel Patscherkofel; Patscherkofelhaus.

Die gute Busverbindung zwischen den Talstationen der zwei Bahnen legt nahe, dass man die eine zum Aufstieg, die andere zum Abstieg nach Igls benützt oder auch, wenn Zeit und Lust vorhanden, den Abstieg von der **Patscherkofel-Bergstation** über die Igler Alm und Heiligwasser zu Fuß unternimmt. Ebenso lohnend und wegen der geringen Höhenunterschiede auch

Frühsommer am Zirbenweg.

nicht beschwerlich ist es, auf dem
Zirbenweg zurückzukehren.

Als Variante bietet sich die Über-
schreitung der runden Kuppe des
Patscherkofels (mit Fernsehturm,
Wetterstation) an.

Von der Höhe des Patscherkofels
steigt man nach Westen ab und
kehrt dann nordwärts zur Seilbahn
zurück.

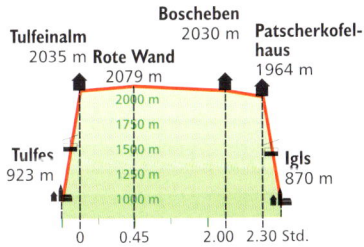

Auf den Hausberg der Haller

Der Glungezer, seit Jahrzehnten ein beliebter Skiberg, lohnt auch im Sommer oder Herbst die Besteigung; die knapp unter dem Gipfel gelegene Hütte bietet Rast, Verpflegung und Unterkunft. Die Glungezer Bahn verkürzt und erleichtert den Aufstieg (wenn man will, auch den Abstieg) ganz erheblich.

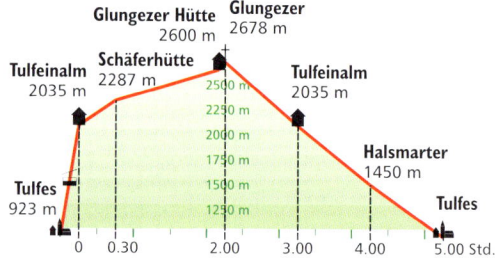

Talort: Tulfes, 923 m.

Ausgangspunkt: Bergstation der Glungezer Bahn (Tulfes – Halsmarter, 1550 m – Tulfeinalm, 2035 m); Parkplatz an der Talstation.

Höhenunterschied: 643 m im Aufstieg, 1755 m im Abstieg.

Anforderungen: Markierte Wege, Steige.

Einkehr: Tulfeinalm; Glungezerhütte; Ghs. Halsmarter; Tulfer Hütte; Jausenstation Wimpissinger; Windegg.

Sehenswert: Zirbenbestände an der Waldgrenze; Rundblick vom Gipfel.

Die Glungezerhütte.

Der Weg führt von der **Liftstation** kurz hinüber zur **Tulfeinalm** und von dort südostwärts über die freien blockigen, mit Alpenrosen bewachsenen Hänge hinauf in eine Senke zur **Schäferhütte** und hält sich dann auf dem breiten Nordostgrat zur **Glungezerhütte**, 2600 m. Von dieser in wenigen Minuten auf Steigspuren zum **Glungezer** (mit militärischer Luftüberwachungsstation). Man kann den Gipfel auch direkt erreichen, indem man sich bei der schwach ausgeprägten Wegteilung knapp unterhalb der Hütte links hält.

Für den Abstieg geht es zurück zur **Schäferhütte**, wo sich der Weg teilt. Der Rückweg führt wieder zur **Tulfeinalm**, in der Nähe des Lifts hinunter nach **Halsmarter** und weiter nach **Tulfes**. Variante: Man hält sich rechts und gelangt über dem Voldertal talauswärts absteigend nach Halsmarter. Von hier kann man auch in weiterem Bogen nach Norden ausholend über die Tulfer Hütte und das Windegg (Ausflugsgasthöfe) nach Tulfes absteigen.

Wanderung in ein stilles Waldtal

Eine Wanderung in das tiefe, eng eingeschnittene Voldertal ist ein beschaulicher Gang in einen der ruhigen Winkel des Landes. Interessantes Detail aus der Geschichte: Der Haller Stiftsarzt Dr. Hippolyt Guarinoni, der nebenbei ein eifriger Botaniker war und sich auch als Schriftsteller und Architekt betätigte, unternahm im Jahr 1609 mit seinen Bekannten aus Hall eine große Bergpartie ins Volder- und Wattental. Sie übernachteten auf der Stiftsalpe oberhalb von Volderwildbad, durchwanderten das gesamte Voldertal, stiegen dann wahrscheinlich über die (Naviser) Sonnenspitze ins Mölstal hinüber und erreichten noch am selben Tag das Wattental und über den Vögelsberg wiederum die Stadt Hall; eine beachtliche Leistung, nicht nur für die damalige Zeit. Guarinoni entdeckte und beschrieb den Blauen Speik (primula glutinosa).

Talort: Volders, 557 m.
Ausgangspunkt: Volderwildbad, 1104 m, ehem. Bad. Von Hall über Volders (vor der Kirche beim Ww. »Voldertalhütte« rechts) und südw. durch Wald und freie Wiesenhänge (Kehren), dann westw. ins Voldertal; Parkplatz. Zum Nößlachboden talein nur für Berechtigte.
Höhenunterschied: 553 m.
Anforderungen: Gute Almwege.
Einkehr: Naturfreundehaus Voldertalhütte.

Auf dem Fahrweg von **Volderwildbad** talein; wo er sich verzweigt, hält man sich auf dem linken (mit Schranken), um dem (allerdings kaum ins Gewicht fallenden) Auto-

Am Volderbach im stillen Voldertal.

verkehr auszuweichen. Bei einer Brücke erreicht man wieder den Hauptfahrweg. Weiter zur Wegteilung; hier rechts kurz abwärts zur **Voldertalhütte** und im Talboden auf schmaler werdendem Fußweg knapp 1 Std. taleinwärts bis auf einen weiten grünen Boden unterhalb der **Vorbergalm**. Hier auf Balken (etwas heikel) über den Bach und kurz über ein sumpfiges Wiesenstück zum Fahrweg und auf ihm zur Alm. Der Rückweg erfolgt über den Fahrweg. Bei Ausdauer und genügend Zeit ist (als Variante und Ausbau) der Weiterweg zur Steinkasernalm (2002 m, 1 Std.) im Talschluss lohnend; ebenso kann man den Anstieg zur Naviser Sonnenspitze (2620 m, gut markiert, leicht) anhängen.

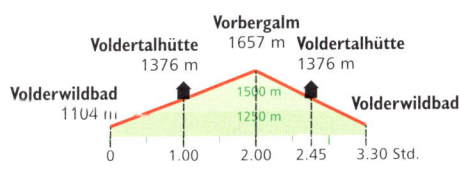

Auf der Wasserscheide zwischen Inntal und Zillertal

Der eigenartige Name »Krovenz« (auch »Gråféns« geschrieben, »Grafenns« gesprochen) soll sich von dem keltischen Wort »karvos« (der Gehörnte, der Hirsch) herleiten. Das schreibt jedenfalls Karl Finsterwalder, der bedeutendste Tiroler Namen- und Ortsnamenforscher.

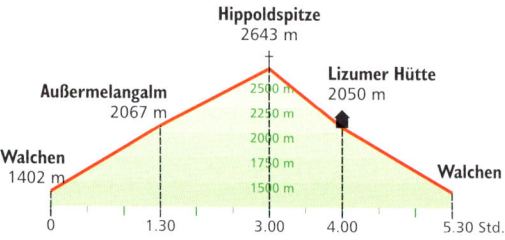

Hippoldspitze
2643 m

Außermelangalm
2067 m

Lizumer Hütte
2050 m

Walchen
1402 m

Walchen

2500 m
2250 m
2000 m
1750 m
1500 m

0   1.30   3.00   4.00   5.30 Std.

Talort: Wattens, 567 m.
Ausgangspunkt: Walchen, 1402 m, Militärlager im hintersten Wattental, von hier ab Fahrverbot, Parkplatz. 12 km Straße von Wattens über Wattenberg, gut ausgebaut, Vorsicht : Gegenverkehr (Militär)!
Höhenunterschied: 1241 m.
Anforderungen: Mark. Wege und Steige; ohne Schwierigkeiten.

Einkehr: Lizumer Hütte.
Sicherheitshinweis: Wanderung teilw. im Bereich des Truppenübungsplatzes; Hinweise auf Sperrungen wegen Truppenübungen beachten! Warnung vor Blindgängern in der Wattener Lizum (Schießübungen); aufgefundene Geschosse nicht berühren, Lageort mark., auf Hütten/bei der Gendarmerie melden!

Auf der Melangalm.

Bevor die Straße beim **Lager Walchen** über den Bach setzt, zweigt links der **Lizumer Zirbenweg** ab. Ihm folgt man taleinwärts durch Wald bis auf die Wiesen der **Innermelangalm**. Hier links ab und an mehreren Almhütten vorbei über die Wiesen des Nieder- und Hochlegers der **Außermelangalm** zur Waldgrenze und weiter, stets auf markiertem Steig, auf das **Krovenzjoch** (auch »Grafensjoch«), 2450 m, nördlich der **Hippoldspitze**. Von hier über den Schuttgrat zum höchsten Punkt. Vom Hippold nach Süden ins **Hippoldjoch**, dann weglos über Almwiesen nach Westen, bis man auf den markierten Steig trifft, der südwärts hinein in die Wattener Lizum (Alm und Militärlager) führt. Die **Lizumer Hütte** befindet sich kurz südlich davon. Auf einer Schotterstraße kann man talaus nach Walchen wandern.

Schöner ist aber unser Rückweg über den **Lizumer Zirbenweg**; stets an der östlichen Talseite hinaus zur Innermelangalm und nach **Walchen**.

5.00 Std.

In den Tarntaler Bergen

Ein liebenswertes Detail fällt bei der Zufahrt durchs Wattental nach Walchen auf: Jeder der schier zahllosen kleinen Bäche, die der Weg kreuzt, hat einen Namen, und der Name ist auf einem Schild vermerkt: Kalkofenbach, Kerschbaumbach, Kitzsteigbach ...

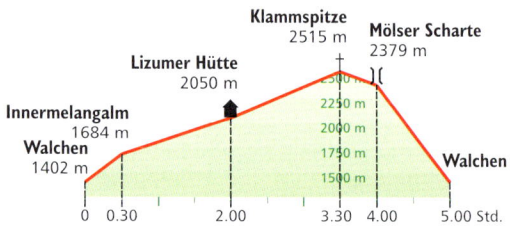

Talort: Wattens, 567 m.
Ausgangspunkt: Walchen, 1402 m (vgl. Tour 46).
Höhenunterschied: 1113 m.
Anforderungen: Markierte Wege und Steige; ohne Schwierigkeiten.

Einkehr: Lizumer Hütte.
Sehenswert: Südl. der Klammspitze liegen die geologisch interessanten Tarntaler Berge, für Trittsichere lohnend zu ersteigen.
Sicherheitshinweis: Vgl. Tour 46.

Vom **Lager Walchen** folgen wir dem **Lizumer Zirbenweg**, der anfangs nass-sumpfig, später als begrünter Forstweg ausgeprägt in die Wattener Lizum und vorbei an den verschiedenen Gebäuden des Truppenübungsplat-

Wattener Lizum: die Hütte gegen Sonnenspitze und Tarntaler Köpfe.

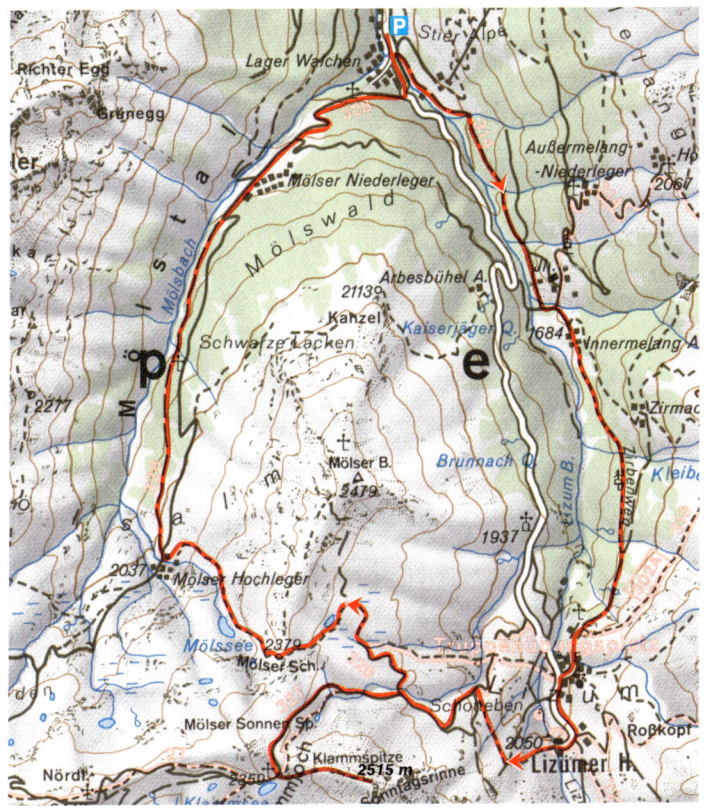

zes zur **Lizumer Hütte** führt. Von der Hütte wenden wir uns nach Westen und gelangen, teils auf dem militärischen Fahrweg, in einer weiten Kehre über Weideböden um die Klammspitze, einen kleinen, auffallend geschärften länglichen Gipfel, in das weite, flache **Klammjoch** mit kleinem See. Von hier kurz am Steig über den Westgrat auf die **Klammspitze**.

Am Aufstiegsweg zurück zum **Klammjoch** und ca. 10 Min. auf dem Fahrweg Richtung Lizum, bis der markierte Steig nach links zur **Mölser Scharte** abzweigt.

Kurz zur Scharte empor und jenseits durchs Mölstal, vorbei am Hoch- und später dem Niederleger der **Mölsalm**, zurück zum Ausgangspunkt.

7.00 Std.

Die beschaulichen Grasberge der Tuxer Alpen

Als Skiberge haben die Tuxer Alpen einen Namen und sind beliebt. Als Wandergebiet gelten sie weniger – dieses Vorurteil freut denjenigen, der es nicht hegt: Überlaufen sind diese Berge im Sommer selten.

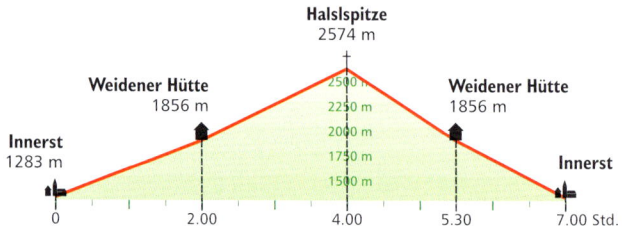

Talort: Weerberg, 882 m.
Ausgangspunkt: Innerst, 1283 m, Weiler am Weerberg, über Weerbach und Nurpensbach; gute Straße von Mitterweerberg; Parkplatz beim Ghf. (Zufahrt bis kurz unterhalb, beschränkte Parkmöglichkeit vor dem Schranken).

Höhenunterschied: 1291 m.
Anforderungen: Gute Almwege, das letzte Stück Steigspuren.
Einkehr: Ghs. Innerst; Weidener Hütte.
Sehenswert: Die Bergbauernhöfe und Almen des Weertals; von der Halslspitze schöner Ausblick auf die Zillertaler Alpen.

Vom **Ghs. Innerst** folgt man dem idyllischen alten Weg kurz ostwärts hinunter zum Nurpenbach, überquert ihn und steigt jenseits im Wald wieder kurz an, bis man auf den breiten neuen Fahrweg trifft, dem man bis zur **Weide-**

Die Nafinghütte.

ner Hütte, 1856 m (auch Nafinghütte; in manchen Karten auch 1799 m), folgt. Einige Kehren werden dem alten Almweg folgend abgekürzt (Ww. beachten). Von der Hütte nach Süden auf dem Almweg zur **Nafingalm**, 1950 m, vorbei an dem idyllisch gelegenen See, und weiter einige Kehren in Richtung auf das Geiseljoch aufwärts. Nach der letzten Kehre zweigt der Fußsteig nach links steiler gegen die Kammhöhe in Richtung Nafingjoch ab (knapp südlich der Halslspitze). Der Steig umgeht die **Halslspitze** im Süden in Richtung auf Rastkogel und Nurpensjoch; der Gipfel ist von Südwesten ohne Schwierigkeit über die Kammhöhe zu ersteigen. Abstieg auf dem selben Weg.

Variante: Abstieg nach Osten über Nurpensjoch und Nurpenstal zurück nach Innerst (gleiche Zeit).

49 Gilfert, 2506 m

7.00 Std.

Große Rundtour über dem Unterinntal

Der Gilfert ist ein dem Kellerjoch durchaus ebenbürtiger Aussichtsberg, sehr lohnend von allen Seiten zu begehen. Wer nicht die Muße für die große Runde hat, dem sei der Anstieg vom Loassattel empfohlen, der mit PKW auf schmalem Sträßchen erreichbar ist.

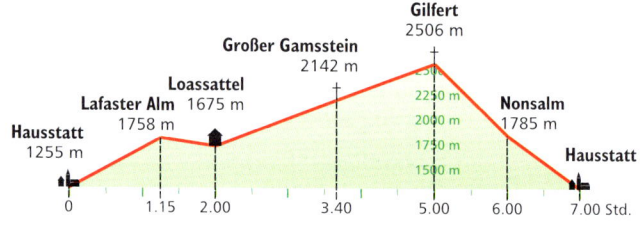

Talort: Weerberg, 882 m.
Ausgangspunkt: Ghf. Hausstatt, 1255 m, in Zalln, zu Fuß von Mitterweerberg 1 Std. Die Fahrstraße zweigt ca. 2 km hinter der Kirche nach links ab; Parkplatz.
Höhenunterschied: 1291 m.

Anforderungen: Mark. Wege und Steige, Ausdauer nötig.
Einkehr: Ghf. Hausstatt; Gamssteinhütte; Wirtshaus Loas am Loassattel.
Variante: Loassattel – Gilfert; mit Zufahrt über Pill-Pillberg, 5 Std.

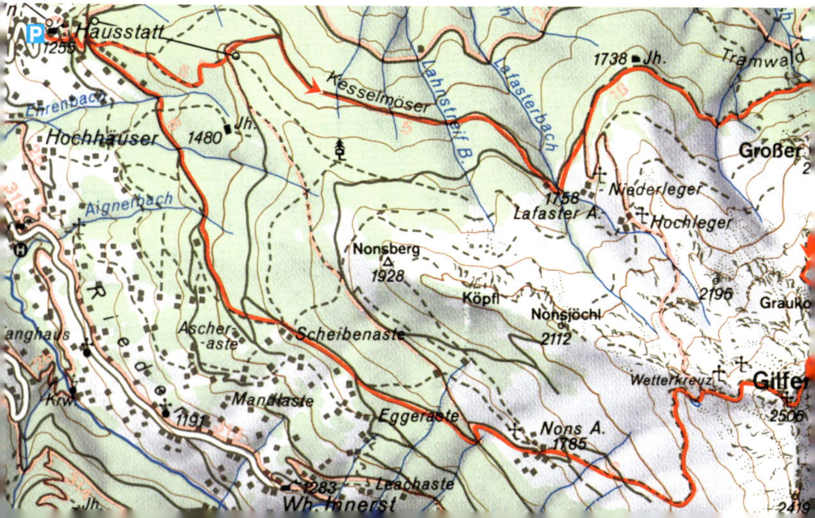

Die Pfarrkirche von Weerberg.

Der mit Nr. 5 markierte Weg leitet zunächst als Fahrweg von der **Hausstatt**

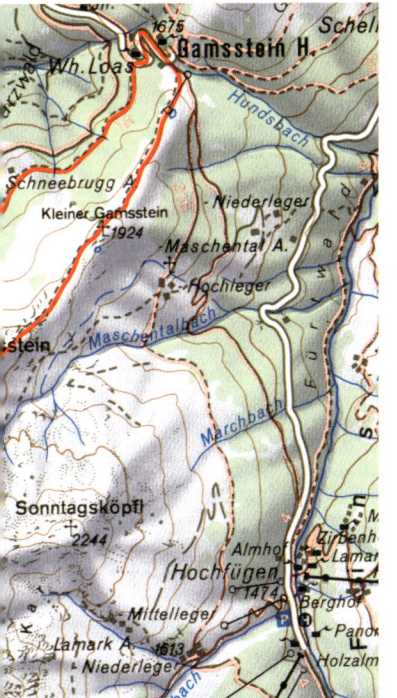

in Kehren zum Wald empor und trifft auf einen weiteren Fahrweg; man nimmt den Fußweg gerade ostwärts in den Wald hinauf. Dieser leitet über mehrere Bäche hinweg in der Nordflanke des Gilfert zur **Lafaster Alm**.

Weiter, nun mit Nr. 18 markiert, gegen Nordosten, vorbei an der **Schneebruggalm** und auf den **Loassattel** mit dem Wirtshaus Loas etwas unterhalb.

Vom Sattel nach Südwesten über den freien Rücken stets auf seiner Höhe empor zum **Kleinen Gamsstein**, 1924 m. Weiter auf der Kammhöhe über den **Großen Gamsstein**, 2142 m, und den **Graukopf**, 2254 m, eine nördliche Schulter des **Gilfert**, dann steil auf diesen mit herrlichem Rundblick.

Vom Gipfel nach Westen hinab über Block- und Wiesenhänge zur **Nonsalm**, 1785 m, und auf dem Almweg durch Wald talaus zur **Hausstatt**.

4.30 Std.

Aussichtsberg am Nordosteck der Tuxer Alpen

Von Innsbruck aus gesehen ähnelt das Kellerjoch mit seiner oben abgeflachten Gipfelgestalt einem »alpinen Fudschijama«. Und die Kinder lernen, dass zum Frühjahrs- und Herbstbeginn genau hier – im Osten – die Sonne aufgeht.

Talort: Schwaz, 539 m.
Ausgangspunkt: Bergstation der Kellerjochbahn (Haus Bergland), 1888 m; Talstation am Südwestrand von Schwaz an der Bundesstraße, Parkplatz.
Höhenunterschied: Ca. 450 m.
Anforderungen: Mark. Wege und Steige; zum Gipfel Trittsicherheit erforderlich (Seilversicherungen)!

Einkehr: Haus Bergland; Gartalm; Kellerjochhütte.
Sehenswert: Tiefblick (1800 m über dem Inn) ins Inntal; die hellgrauen Grate des Karwendels; Gipfelmeer der Hohen Tauern, der Zillertaler und Stubaier Alpen von Osten über Süden bis Westen.

Wir wählen die so genannte kleine Route, die mit gut 4½ Std. Gehzeit immer noch ausgiebig genug ist. Von der **Bergstation** auf dem **Bockstallweg** nach Süden zur **Naunzalm** (Hochleger) westlich unter dem Kellerjoch. Man

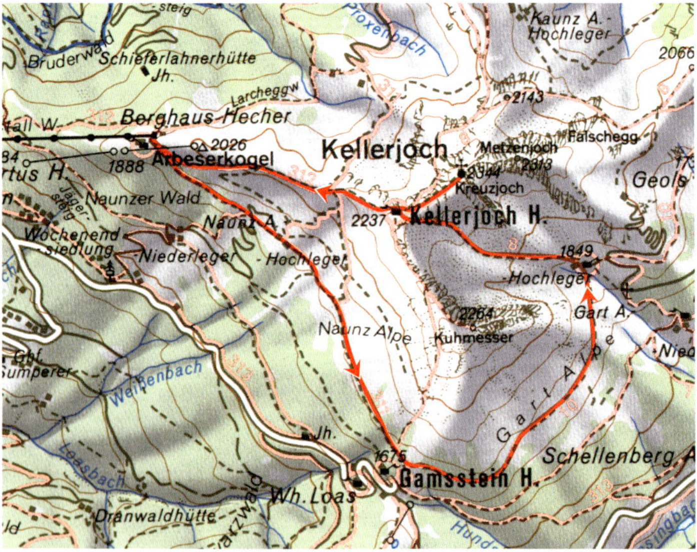

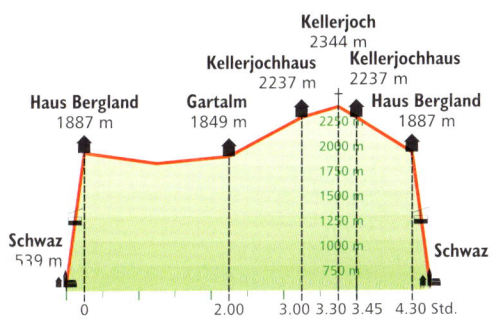

Blick von Norden auf das Kellerjoch.

steigt fast zum Loassattel ab, umrundet das Kellerjochmassiv im Süden in einem Bogen und gelangt wieder ansteigend zum **Gartalm-Hochleger**, von wo man direkt zur **Kellerjochhütte** aufsteigt. Von der Hütte führt ein gut angelegter Steig, dem Gratverlauf folgend, bis zum höchsten Punkt des **Kellerjochs**, wo eine Kapelle steht. Kurz zurück zur Hütte, nach Westen über die Kammhöhe hinab zum **Arbeser** (Schleppliftbergstation) und weiter zur **Liftbergstation**, die etwa 200 m tiefer liegt.

Es ist auch möglich (Variante), auf Waldwegen nach Grafenast (Mittelstation, 1347 m) und weiter nach Schwaz abzusteigen.

Kellerjoch
2344 m

Kellerjochhaus
2237 m

Kellerjochhaus
2237 m

Haus Bergland
1887 m

Gartalm
1849 m

Haus Bergland
1887 m

2250 m
2000 m
1750 m
1500 m
1250 m
1000 m
750 m

Schwaz
539 m

Schwaz

0   2.00   3.00 3.30 3.45   4.30 Std.

Stichwortverzeichnis

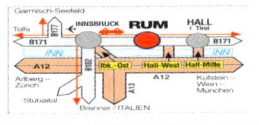

Umschlagbild (Foto: Siegfried Garnweidner):
Die Pfeishütte vor dem Gleirschtaler Brandjoch.

Bild im Innentitel:
St. Nikolaus mit Brandjoch, Frau Hitt und Sattelspitzen im Hintergrund.

Alle 61 Fotos von Walter Klier.

Kartografie:
50 Wanderkärtchen im Maßstab 1:50.000 und 1:75.000 sowie
zwei Übersichtskarten im Maßstab 1:500.000 und 1:800.000
© Freytag & Berndt, Wien

Die Ausarbeitung aller in diesem Führer beschriebenen Wanderungen
erfolgte nach bestem Wissen und Gewissen des Autors.
Die Benützung dieses Führers geschieht auf eigenes Risiko.
Soweit gesetzlich zulässig, wird eine Haftung für etwaige Unfälle
und Schäden jeder Art aus keinem Rechtsgrund übernommen.

5., aktualisierte Auflage 2011
© Bergverlag Rother GmbH, München

ISBN 978-3-7633-4170-2

Wir freuen uns über jeden Korrekturhinweis zu diesem Wanderführer!
BERGVERLAG ROTHER · München
D-82041 Oberhaching · Keltenring 17 · Tel. (089) 608669-0
Internet www.rother.de · E-Mail leserzuschrift@rother.de